세계종교의
조건이란
무엇인가

사토 마사루 지음 **김진희** 옮김

AK

본서는
2017년 9월부터 12월까지
소카대학교에서 진행된
특별 연속 강좌를 정리하여
엮은 것입니다.

목차 __

제 1 장
세계사로 보는
'세계종교화'

창가학회가 '세계 3대 종교' 중의 하나가 되는 미래

이 책은 소카創価대학교에서 총 10회에 걸쳐서 '세계종교의 조건'이라는 주제로 진행한 특별 연속 강좌 내용을 엮은 것이다.

오늘부터 총 10회에 걸쳐 '세계종교의 조건'이라는 주제로 특별 연속 강좌를 진행하고자 한다.

당연한 이야기지만, 소카대학교에 다니는 학생이라고 모두 창가학회 회원인 것은 아니며, 학생 개개인에게 신조나 종교를 묻지도 않는다고 들었다. 그리고 현재는 유럽과 아시아, 아프리카, 이슬람권 등의 5대주에서 건너온 학생들도 있어서 캠퍼스에 다양성이 넘친다. 이번에는 그러한 많은 학생 중에서 공모를 통해 수강 희망자 16명을 받아 수업을 진행하였다.

아는 바와 같이 나는 프로테스탄트 그리스도교 신자이자 신학자이다. 수강생 중에는 창가학회원인 학생도 있겠지만, 나는 그 학생들과는 다른 신앙을 가졌다. 하지만 창가학회원의 '인생의 스승'이자 소카대학교 창립자이기도 한 창가학회의 이케다 다이사쿠池田大作 제3대 회장을 마음 깊이 존경한다. 그리고 한 명의 종교인으로서 창가학회에도 많은 관심을 가지고 있다.

그리스도교 신자인 내가 어째서 이케다 회장을 존경하고 창가학회에도 관심이 많을까? 그 배경에는 다양한 요인과 계기가 있어서 한마디로 말할 수는 없다. 다만 그 가운데 가장 핵심적인 요인 하나를 들자면 '창가학회의 세계종교화' 현상에 관심이 있기 때문이다.

기존에 있던 대표적인 세계종교로는 그리스도교와 이슬람교를 들 수 있다. 일반적으로 '세계 3대 종교'라고 하면 그리스도교, 이슬람교, 불교를 꼽는다. 하지만 그중에서 불교, 즉 현재 기성 불교의 각 종파는 이제 '세계종교'라 할 만큼 널리 분포되어 있지 않다. 이에 관해서는 제3장에서 다시 논하겠다.

이와 달리 일본에서 생겨난 불교 교단인 창가학회는 이미 세계 192개 국가와 지역으로 퍼져나가 현재 그야말로 '세계종교화'가 진행 중이다.

192개 국가와 지역에 거점이 있다고는 하나, 개중에는 아직 해당 국가에 뿌리내리기 시작한 지 얼마 되지 않아 회원이 적은 국가도 있다. 하지만 50년 후, 100년 후의 먼 미래를 생각해보면 현재의 기성 불교 각 종파를 능가할 정도로 세계로 널리 퍼져나가 새로운 세계종교가 될 것으로 예상된다.

예를 들어 지금부터 100년 후, 나아가 500년 후의 역사 교과서에는 '세계 3대 종교'로 '그리스도교, 이슬람교, 불교'가 아니라 '창가학회, 그리스도교, 이슬람교'가 실릴지도 모른다.

내가 이곳저곳에서 이런 이야기를 하면 '창가학회에 대한 립 서비스', 즉 '인사치레로 하는 말'이라고 생각하는 사람도 있다. 하지만 결코 그렇지 않다. 반세기나 1세기라는 긴 시간에서 보았을 때 '창가학회가 세계 3대 종교가 되는 시대'는 반드시 온다고 진심으로 생각한다. 왜냐하면 현재 창가학회는 '세계종교가 될 조건'들을 갖추고 있기 때문이다.

본 특별 강좌에서는 이에 관해 다양한 각도에서 이야기할 계획이다. 본 강좌의 테마를 '세계종교의 조건'으로 잡은 것은 그 때문이다. 즉 '창가학회의 세계종교화'라는 현재 진행 중인 현상을 제재로 '세계종교의 조건이란 무엇인가?'에 대해 생각해보는 것이 본 특별 강좌를 관통하는 주제이다.

나는 그리스도교 신자이자 신학자이므로 내가 믿는 그리스도교의 세계종교화 과정에 무척 관심이 많다. 하지만 '그리스도교의 세계종교화'는 옛날 옛적에 이미 완료되었기 때문에 역사로서 배울 수밖에는 없다.

하나의 큰 메르크말(지표)로서 313년에 로마제국의 콘스탄티누스 대제大帝가 발포한 '밀라노 칙령'이 그리스도교가 세계종교화하는 계기가 되었다. 그때까지 로마제국에서 그리스도교는 비합법적 종교로서 탄압받았지만, '밀라노 칙령'이 발표됨으로써 공인되고 합법화되었다. 그리고 로마제국이 통일된 후에는 로마 전역에서 공인되어 '국교'가 되었다.

바꾸어 말하면 밀라노 칙령으로 그리스도교는 로마제국에서 '여당화'된 것이다. 이에 관해서도 뒤에서 상세하게 논하겠지만, '여당화'는 세계종교화의 요건 중의 하나이다.

하지만 로마제국 시대는 먼 옛날이기 때문에 제아무리 교과서를 통해 배우더라도 그 당시의 일을 생생하게 '실감'할 수는 없다. 즉 그리스도교가 어떻게 세계종교가 되었는지를 내 일처럼 체험적으로 느낄 수는 없다.

그에 반해 창가학회의 세계종교화는 21세기 현재, 이제 막 본격적으로 시작되었다. 나는 창가학회의 세계종교화 과정을 동시대인으로서 하나하나 남김없이 보고 체험할 수 있다. 그리스도교 신학자인 나에게 이만큼 귀중한 경험은 없을 것이다. 이것이 내가 창가학회에 깊은 관심을 가지게 된 이유 중의 하나이다.

실제로 창가학회의 세계종교화 과정을 상세하게 좇으면서 그리스도교에 대한 나의 이해는 더욱 깊어졌다. 왜냐하면 창가학회의 세계종교화 과정을 보고 유추(아날로지)함으로써 그리스도교의 세계종교화 과정을 더욱 깊이 이해하게 되었기 때문이다.

기존에는 역사서의 기술을 통해서만 이해할 수 있었던 것을 '아아! 그렇구나. 그리스도교 역사에서 일어난 그 사건이 현대로 치면 이런 거구나!' 하고 실감하며 이해하게 되었다.

필시 나만 이와 같이 느끼는 것은 아닐 것이다. 전 세계의 많은 그리스도교와 이슬람교 전문가가 창가학회에 관심을 기울이고 있다. 그중에는 '현재진행형 세계종교화'의 희귀 모델케이스로서 창가학회를 관심 있게 지켜보고 있는 사람도 많을 것이다.

그리스도교에서의 아날로지로 창가학회를 생각하다

나와 마찬가지로 '창가학회의 세계종교화'에 관심을 가지고 있는 사람이 최근 들어 일본에서도 늘고 있다. 다만 그리스도교와 이슬람교 전문가가 이에 대해 논할 경우와 종교에 대한 깊은 이해 없이 저널리스트적인 흥미로 '창가학회가 전 세계로 점점 퍼져나가고 있는 이유는 무엇인가?'에 관심 있는 사람이 논하는 경우는 고찰의 깊이에 당연히 차이가 날 수밖에 없다.

왜냐하면 나와 같은 그리스도교 전문가는 항시 그리스도교를 바탕으로 유추하여 창가학회를 고찰할 수 있기 때문이다.

종교뿐만 아니라 무엇에 대해서 고찰하든 마찬가지지만, 아날로지는 사안의 본질을 일순간에 파악해내는 강력한 무기이다. 눈앞에서 벌어지는 현상만 보고는 이해할 수 없는 일도 아날로지라는 방법을 쓰면 단박에 이해되기도 한다.

예를 들어 창가학회 역사상 중요한 사건 중 하나로 일련정종日蓮正宗 종문과 결별한 사건이 있다. 이는 1990년대 초반에 있었던 사건이어서 젊은 사람은 잘 모를 것이다. 하지만 창가학회원이면 부모님이나 선배한테서 들어서 대략적인 줄거리 정도는 알 수도 있다.

종문과 결별함으로써 창가학회에서는 그때까지 승려에게 맡겼던 일들을 모두 직접 하게 되었다.

예를 들어 결별하기 전에는 학회원의 장례식에 종문의 승려를 불렀지만, 결별 후에는 승려 없이 장례식을 치르는 것이 보통이 되었다. 흔히 '우인장友人葬'이라고 부르는 장례 형태를 하게 된 것이다. 우인장 때는 승려 대신에 해당 지역의 학회 간부가 '사자의 영혼을 위로하는 역할'을 맡는다. 따라서 승려에게 지불하던 '보시금'도 일절 필요치 않게 되었다. 일본에서 이는 엄청난 '장례식 혁명'이었다.

또 집안의 불단에 안치할 본존을 사원으로부터 대여할 수 있는가 없는가 하는 문제도 기존에는 종문 승려의 전권 사항이었지만, 결별 후에는 학회에서 본존을 빌려주는 형태가 되었다. 한마디로 말해 종문과 결별한 후 창가학회는 '성직자가 필요 없는 종교 단체'가 된 것이다.

이와 같은 일련의 개혁이 진행되던 시기에 나는 러시아에서 외교관으로 근무하고 있었다. 당시부터 창가학회원인 친구와 지인이 적지 않았지만, 지금처럼 창가학회분들과 깊이 교제하지는 않았다. 그래도 보도 소식을 접해 종문과 결별하기까지의 과정은 알 수 있었다.

관련 보도를 접했을 때 500년 전 유럽에서 일어난 종교개혁(1517년)과의 아날로지로 사안의 본질을 즉시 이해할 수 있었다. '요컨대 종교개혁으로 가톨릭에서 프로테스탄트가 분리된 과정과 동일하다'고 생각한 것이다.

종교개혁을 단행한 사람은 마르틴 루터이다. 루터는 '만인사제설(또는 만인제사장설)'을 주장하였다. 이는 '신의 눈으로 보면 모든 그리스도교도가 사제이다. 성직자만 사제로서 신과 신도를 잇는 특별한 힘을 가진다는 사고방식은 잘못되었다'는 설이다. 만인사제설은 현재에 이르기까지 프로테스탄트의 근본 교리 중의 하나를 이룬다. 따라서 프로테스탄트에는 '성직자'가 없다. 사제는 '교직자(목사)'라고 부른다.

'사제'라는 말을 구태여 일본어로 바꾸면 '승려'가 될 것이다. 즉

'만인 사제'는 '만인 승려'로서, '신자 전원이 승려의 역할을 할 수 있으므로 특별한 성직자는 필요치 않다'는 사고방식이다.

여기까지 설명하면 내가 하고자 하는 말이 무엇인지 대충 감이 올 것이다. 중세 유럽의 종교개혁 흐름과 루터의 만인사제설을 알면 1990년대 초반에 일어난 창가학회와 종문의 결별이 역사적 필연임을 알 수 있다.

사실 결별하기 한참 전부터, 그야말로 세계대전 이전의 창가교육학회 시절부터 학회의 신앙 형태는 '만인 사제'였다. 왜냐하면 마키구치 쓰네사부로牧口常三朗 초대 회장 시절부터 창가학회원은 근행도 창제도 직접 하였고, 포교도 하였고, 교학 공부도 하였기 때문이다. '승려만 경전을 외우고 교학을 하는' 기성 불교의 승려와 신도의 관계하고는 달랐다. 당시부터 뜻만 있었다면 일반 회원이 승려 역할을 모두 대체할 수 있지 않았을까?

하지만 1990년대 이전까지 창가학회는 장례식 진행이나 본존 대여 등의 역할을 종문 승려에게 맡겼다. 이는 본질적으로 부자연스러운 일이므로, 내가 보기에 학회에 성직자가 필요 없는 '만인 승려' 시대가 도래한 것은 역사적인 필연이었다고 생각한다. 그리고 이는 아베 닛켄阿部日顕이라는 법주法主(종파 내의 행정을 관할하는 장)가 일련정종에 나타나 창가학회 잘라내기를 계획함으로써 현실이 되었다.

그리고 종문과의 결별은 창가학회가 본격적으로 세계종교화하기 위한 커다란 추진력 중의 하나가 되었다. 왜냐하면 종문의 사고방식은 몹시 전근대적이어서 종문과 계속 함께하였다면 그들은 틀림없이 학회의 세계종교화를 방해하는 족쇄가 되었을 것이기 때문이다.

전근대적인 사고방식의 일례를 들어보겠다. 종문과 결별하기에 이른 일련의 경위 중에 창가학회 간부회에서 베토벤의 〈환희의 송가〉를 독일어 원어로 합창하는 것을 두고 종문 측에서 비판한 일이 있다. 프리드리히 실러Friedrich Schiller가 쓴 시에 '신들'이라는 단어가 나오는 것을 문제시하였다. "이 가사에 나오는 '신들'이라는 말은 그리스도교의 신을 의미한다고 판단되므로 그 신을 찬양하는 〈환희의 송가〉를 학회 회합에서 합창하는 것은 '외도를 찬양'하고 '정법을 비방'하는 것에 해당한다!"고 하였다.

하지만 베토벤의 〈환희의 송가〉는 유럽연합EU이 '유럽의 노래'로 정하였을 만큼 인류 전체의 빛나는 문화유산이라고 할 수 있는 명곡이다. '그리스도교 신자만을 위한 노래'라는 차원을 훌쩍 넘어서는 곡이라 할 수 있다. 이를 학회 회합에서 부르는 것을 정법을 비방하는 괘씸한 짓으로 보는 종문의 사고방식은 대단히 시대착오적이다. 이와 같은 사고방식을 가지고 있어서는 그리스도교 문화권에 단단하게 뿌리내리기 어려웠을 것이다. 가령 학회가 종문과 연을 끊지 않고 "창가학회에서는 외도 찬양에 해당하므로 베토벤의 〈환희의 송가〉를 독일어로 합창하는 것을 금한다"라고 하였다면 그리스도교권 사람들은 혀를 내둘렀을 것이다.

즉 현시점에서 생각해보면 창가학회가 1990년대 초반에 종문과 결별한 덕분에 그들의 족쇄에서 벗어나 본격적으로 세계종교화할 수 있었다고 하겠다.

'종문과의 결별'은 앞에서 언급한 '여당화'와 함께 세계종교의 조건 중의 하나인데, 이에 대해서도 뒤에서 다시 상세하게 논하겠다.

좌우간 그리스도교 역사를 알기 때문에 학회와 종문이 결별한 사건의 본질을 즉시 이해할 수 있었던 것이다. 이것이 아날로지가 가진 힘이다. '종문과 창가학회의 불화'라는 눈앞의 사건만 보아서는 이해할 수 없는 것을 창가학회원이 아니더라도 그리스도교 역사를 통해 유추해보면 쉽사리 이해할 수 있다.

한편 당시에 보도된 종문과 창가학회의 결별 관련 주간지 기사 등을 지금 다시 읽어보면 하나같이 핵심을 찌르지 못한 논평뿐이다. 주간지 기자 중에는 종교에 무지한 사람이 많다. 그들에게는 루터의 만인사제설과의 아날로지로 이 사건을 고찰할 만한 시각이 없었던 것이다.

방금 말한 것과 같은 '그리스도교 역사와의 아날로지로 창가학회의 세계종교화를 고찰하는 것'이 이 특별 강좌 전체를 관통하는 방법론이다.

그리스도교 전문가이기 때문에 나의 눈에는 창가학회 세계종교화의 본질이 적어도 종교에 무지한 논자보다는 훨씬 잘 보인다. 이러한 시각에서 보았을 때 알 수 있는 것을 여러분에게 전달하는 것이 이 특별 강좌의 목적이다.

그리고 이 강좌는 '옻칠 방식'으로 진행할 계획이다. 옻칠은 일본이 전 세계에 자랑하는 아름다운 '칠기'를 바르는 기법으로, 꼼꼼하게 덧바르는 것이 특징이다. 옻칠은 나무 조달, 밑 작업, 칠 공정의 세 단계로 크게 나뉘는데, 세 단계를 모두 합하면 30~40공정에 달한다. 그만큼 반복하여 칠하기 때문에 칠기에서 칠기만의 독특한 깊이가 느껴지는 아름다운 윤기와 광택이 감도는 것이다.

이 특별 강좌도 '창가학회의 세계종교화를 그리스도교와의 아날로지로 고찰'하는 '칠' 공정을 여러 가지 각도에서 몇 번이고 몇 번이고 반복할 것이다. 그렇게 하면 내가 하고자 하는 말을 여러분이 깊은 차원에서 이해할 수 있을 것이기 때문이다.

옻칠 방식으로 진행하기 때문에 한번 하였던 말을 다른 각도, 다른 표현 방식으로 반복해서 다시 말할 수 있다. 그러므로 '그 얘기는 이미 들었다고!'라고 생각지 말고 '아아! 옻칠 공정이구나!'라는 생각으로 들어주시길 바란다.

루터가 시작한 볼링 - 종교 현상의 세속화

2017년(본 강좌가 진행된 해)은 유럽 역사의 커다란 분기점이다. 왜냐하면 '종교개혁 500주년'이라는 큰 축제가 열린 해이기 때문이다.

일반적으로 종교개혁의 시작점으로 여겨지는 것은 루터가 비텐베르크성 내 교회의 문에 '95개조 논제(95개조 반박문)'를 붙인 때이다.

당시 로마 교회는 신자들에게 '대사장(면죄부)'을 판매하였고, 이를 구매하면 현세에서 지은 죄를 신이 용서해주어 천국에 갈 수 있다고 선전하였다. 비텐베르크대학교의 신학 교수였던 루터는 이 '대사장' 판매에 의문을 품고 공개적으로 질문하기 위해 '95개조 논제'를 작성하였다.

'95개조 논제'가 붙은 것이 1517년이므로 2017년은 종교개혁이 시작된 지 500년째를 맞이하는 경사스러운 해인 셈이다.

그리스도교권, 특히 프로테스탄트에게는 중요한 역사적 분기여서 분위기가 한껏 고조되었지만, 일본에서는 별다른 반응 없이 조용하게 지나갔다. 일본에는 그리스도교도 자체가 적으니 그럴 수밖에 없었겠지만….

도쿄 롯폰기에 '도요에이와여자학교東洋英和女学院'라는 유치원, 초등학교, 중학교, 고등학교, 대학교, 대학원을 모두 운영하는 프로테스탄트 계열의 사립 일체형 여자 학교가 있다. 2017년에 도요에이와여자대학교는 도쿄 프린스호텔 볼링장을 대여하여 학생을 대상으로 '종교개혁 500주년 기념 교장배 볼링 대회'를 개최하였다.

'뭐? 종교개혁 기념으로 왜 볼링 대회를 열어?'라며 의문스럽게 생각할 수도 있는데, 사실 볼링은 종교개혁과 관련이 깊다.

볼링의 원형은 고대부터 있었는데, 이는 쓰러뜨릴 볼링 핀을 악마와 재액으로 보고 행하는 일종의 종교의식이었다. '핀을 많이 쓰러뜨리면 악마를 쫓고 재액을 피할 수 있다'는 생각으로 임하였다. 단순한 놀이가 아니었다.

다만 고대부터 전해 내려온 볼링은 국가와 지역에 따라 규칙이 제각각이었다. 그러던 것을 루터가 '핀은 마름모꼴로 아홉 개를 세운다'라는 통일된 규칙을 고안하여 퍼뜨린 것이다. 이것이 오늘날 볼링의 직접적인 기원이다. 해당 대학교가 종교개혁 500주년을 기념하여 볼링 대회를 개최한 것은 당연히 이 때문이다.

프로테스탄트 계열 학교라지만 경건한 그리스도교도 학생만 다니는 것은 아니다. 그래서 요즘 학생들에게 종교개혁 500주년이라는 기념비적인 시점을 의식시키기 위해 볼링이라는 장치가 필요하였던 것이다.

앞서 '루터가 고안한 볼링 규칙에서는 볼링 핀을 9개 사용한다'고 하였는데, 오늘날 볼링에서는 볼링 핀을 10개 사용한다. 이와 같이 달라지게 된 경위가 또 무척 흥미롭다.

미국은 청교도(퓨리턴. 잉글랜드 국교회 개혁을 주장한 프로테스탄트 집단)가 이주하여 만든 국가인데, 청교도가 건너가자 볼링도 함께 전파되어 미국에서도 볼링이 왕성하게 행해지게 되었다. 물론 루터가 고안한 볼링 핀 9개의 볼링이었다.

그런데 본디 종교의식이던 볼링이 미국으로 건너간 후 점차 세속화되었다. 서부 개척 시대에 남자들이 술을 한잔 걸치고 하는 도박으로 볼링을 하기 시작한 것이다.

이윽고 금주법 시대가 되자 술판에서 벌이던 볼링 도박도 미국 정부에 의해 법률로 금지되었다. 그러자 "우리는 볼링 핀 10개를 사용해. 그러니까 국가가 금하는 볼링하고는 다른 거야!"라며 빠져나갈 구멍을 만들고 볼링은 즐기는 자가 늘어났고, 어느 사이엔가 볼링 핀을 10개 사용하는 볼링이 일반적인 게임 형태가 되었다.

본디 종교의식이던 것이 미국으로 건너간 후 한낱 게임으로 변화하였다는 점이 무척 흥미롭다. 크리스마스와 밸런타인데이가 시대 흐름과 함께 변화한 것을 보더라도 알 수 있지만, '원래 종교 현상 또는 종교의식이던 것이 종교성이 서서히 옅어지면서 세속화되는 과정'이 모든 분야에서 일어난 것이 근대 이후의 역사 흐름이다.

참고로 루터가 고안한 볼링 핀 9개를 사용하는 볼링은 '나인 핀즈 볼링'이라는 이름으로 오늘날에도 유럽에서 왕성하게 행해지고 있다. 물론 '나인 핀즈 볼링'도 오늘날에는 단순한 게임으로, 본래의 종교성은 사라지고 없지만….

반대로 현재 완전히 세속화된 현상이나 사건 중에서 주의 깊게 관찰해보면 그 근저에서 모종의 종교성이 느껴지는 경우도 있다. 그 일례로 일본에서 매년 섣달그믐에 방영되는 NHK TV의 〈홍백가합전〉(매년 12월 31일에 방송하는 남녀 대항 형식의 음악 프로그램이자 장수 프로그램-역자 주)을 들 수 있다.

나는 TV를 보지 않지만 〈홍백가합전〉이 어떤 프로그램인지는 안다. 그 방송은 구성이 유달리 정교한 것도 아니고, 솔직히 국민 다수가 일제히 볼 만큼 재미있다고도 생각되지 않는다. 그럼에도 〈홍백가합전〉은 옛날만큼은 아니지만 그래도 여전히 매년 시청률이 높다. 어째서일까? 나는 〈홍백가합전〉에 종교성이 담겨 있기 때문이라고 생각한다.

물론 종교 그 자체는 아니지만, 많은 시청자가 어렴풋이 그 방송을 보는 행위에 담긴 '종교성'을 느낄 것이다. 그와 같이 판단한 가장 큰 이유는 섣달그믐 오후 11시 45분 즈음, 즉 '앞으로 15분가량 후면 올해가 끝난다'는 시각이 되면 〈반딧불이의 빛〉(스코틀랜드 가곡이자 작별 민요. 한국에서는 <석별의 정>이라는 제목으로 알려져 있다-역자 주)을 다 함께 부르며 피날레를 맞이하는 〈홍백가합전〉의 구성 때문이다. 이어서 방영되는 것은 〈가는 해 오는 해〉이다. 전국 사찰의 '제야의 종소리'를 소개한 다음, 일본 열도가 신년을 맞이하기까지를 리포트하는 '한 해를 마무리하고 새해를 맞이하는 방송'이다.

　내 생각에 〈홍백가합전〉과 그 후에 이어서 방송하는 〈가는 해 오는 해〉는 한 세트로 구성된 '창조 의식'이다.

　〈홍백가합전〉은 떠들썩한 일종의 축제이다. 일 년이라는 시간 흐름을 꽉 응축하여 표현한 듯한 '카오스(혼돈)'가 여기에 출현한다. 하지만 〈반딧불이의 빛〉으로 피날레를 맞이하고 TV에서 '제야의 종소리'가 울려 퍼지면 이를 전달하는 아나운서의 말투도 조용하고 엄숙하게 확 바뀐다. 이는 '카오스에서 코스모스(질서)를 창조'하는 세리머니이다.

　TV 앞에 앉아 '창조의 의식'을 공유함으로써 일본인은 '일 년이 끝나고 새해가 시작되었음'을 모종의 종교적 감각 속에서 실감한다. 즉 여기에도 '종교 현상의 세속화' 현상이 있는 셈이다.

유일신교 세계의 시간 흐름은 '목적론'적

'일 년이 끝나고 새해가 시작되었음'을 실감한다는 이야기를 듣고 '그런 건 누구나 느끼는 당연한 실감이잖아!'라고 생각한 사람도 있을지 모르겠다.

물론 서양에도 연말 카운트다운을 하고 "해피 뉴 이어!"라고 다 함께 큰 소리로 외치는 이벤트가 있다. 하지만 정월이 오면 '작년에 있었던 일은 모두 강물에 흘려보내고 새롭게 다시 태어난 듯' 느끼는 것은 일본 특유의 감각이 아닐까 싶다. 이는 필시 일본인의 종교성과 관련된 감각일 듯하다.

예를 들어 나는 러시아와 영국에서 살았던 적이 있는데, 두 나라에서는 새해가 되었다고 '새롭게 다시 태어났다'고 느끼지 않았다. 반대로 서양인이 일본에서 오래 살면 '새해가 되면 새롭게 다시 태어나는 듯한' 일본적인 감각을 느끼게 될 것이다.

이를 통해 알 수 있듯이 시간의 흐름이라는 것은 누구에게나 평등한 듯하지만, 사실은 결코 그렇지 않다. 문명과 문화에 따라서 시간 감각도 미묘하게 다르다.

예를 들어 일본에는 확실하게 구분되는 사계절이 있다. 하물며 일본인은 오랫동안 농업 중심으로 삶을 꾸려왔기 때문에 그러한 의미에서도 사계절의 흐름이 시간 감각의 기본을 이룬다.

사계절은 춘하추동이라는 동일한 사이클을 빙글빙글 반복하는 원형 또는 나선형의 시간 흐름이다. 동일한 일을 매년 반복하는 시간의 흐름, 이것이 일본인이 체화한 시간 감각의 기본형이다. 그래서 겨울이 끝나면 반드시 봄이 오는 것처럼 일 년이 끝나면 자신도 새롭게 태어난다고 느낀다. 우리는 이를 전 세계가 공유하는 동일한 감각으로 착각하기 쉽지만 의외로 그렇지 않다.

예를 들어 유대교, 그리스도교, 이슬람교 등의 유일신교가 문명의 기초를 이루는 국가에서는 시간을 원형으로 느끼지 않고 '시작과 끝이 있고 끝을 향해 일직선으로 나아가는 것'으로 느낀다. 이른바 직선적 시간 감각이다.

바꾸어 말해 이는 '역사는 어떤 목적을 향해 나아간다'라는 역사 감각이기도 하다. 이 또한 유일신교 세계 특유의 역사 감각이라고 할 수 있다.

영어의 'End'에는 여러 가지 의미가 있다. 우리가 흔히 알고 있는 의미는 '끝(종말)'이나 '죽음'이지만, 사전을 펼쳐보면 '목적'이라는 또 다른 의미가 있음을 알 수 있다. 'End'는 그리스어 '텔로스Telos'에서 유래하였다. 텔로스는 '완성', '목적'을 뜻하는 말인데 '최후', 즉 인생의 끝이라는 또 다른 의미도 가지고 있다.

그러니까 고대 그리스 사람들은 인생의 끝을 하나의 완성, 목적의 달성으로 파악한 것이다. 그래서 '좋은 인생'을 제대로 살기 위한 방법을 진지하게 모색하였고 그것이 다양한 그리스 철학을 낳았다. 바꾸어 말해 '끝이 가장 중요하다'는 사고방식이 그리스 철학의 기초를 이루는 사고방식 중의 하나라고 하겠다.

'텔로스'에서 파생된 영어에 '텔레올로지Teleology'라는 단어가 있는데, 일본어로는 '목적론'이라고 번역한다. 이는 간단히 말해 '모든 것은 하나의 큰 목적을 향해 나아간다'는 사고방식이다. 즉 유일신교 세계의 '역사는 어떤 목적을 향해 나아간다'라는 감각은 그리스 철학의 영향을 많이 받은 것이다.

이 목적론, 즉 텔레올로지가 유럽인과 미국인 또는 유일신교 세계 사고방식의 기초를 이룬다. 그래서 시간의 흐름을 '동일한 것을 반복하는 원형'으로 파악하는 일본인과는 근본적으로 시간 감각이 다르다.

그런데 20세기 후반에 접어들면서 '이와 같은 목적론적인 발상이 서양 문명을 정체시킨 게 아닐까?' 하는 비판이 나오기 시작하였다. 그래서 소위 '포스트모더니즘'에서는 목적론을 부정하려는 경향이 나타났다.

좌우간 시간 감각, 역사 감각과 같은 인간의 사고방식 또는 감지 방식의 가장 기초적인 부분에서 우리는 자신이 나고 자란 세계의 문명과 종교의 영향을 많이 받는다. 종교에 대해서 배우는 것이 얼마나 중요한지가 이러한 부분에서도 나타난다.

크로노스와 카이로스 - 두 종류의 시간 흐름

시간의 흐름에는 빙글빙글 반복되는 원형적 흐름과 일직선으로 진행되는 목적론적인 흐름이 있다. 이 시간 감각은 나고 자란 문화에서 시간을 어떻게 규정하는가에 따라서 달라지는데, 이런 관점에서 시간과 관련된 이야기를 하나 더 하고 싶다. 바로 '두 종류의 시간 흐름'에 관한 이야기이다. 이는 그리스어로 시간을 나타내는 두 단어, '크로노스Kronos'와 '카이로스Kairos'로 표현된다.

'크로노스'는 영어 '크로놀로지Chronology(연표·연대학)'와 '크로니클 Chronicle(연대기)'의 어원이다. 파생어가 의미하는 바와 같이 크로노스는 직선적으로 뻗어나가는 일반적인 시간을 지칭한다.

이에 반해 '카이로스'는 '특별한 시간'을 의미한다. 직선적인 '크로노스' 시간 흐름을 위에서 아래로 절단하였을 때 그 전후로 세계의 형태나 역사의 흐름이 바뀌는 특별한 시점이 '카이로스'이다.

개인 한 사람의 카이로스도 있을 것이고, 한 민족이나 일국 국민 전체의 카이로스도 있을 것이다. 예를 들어 눈에 넣어도 아프지 않은 자식이 태어난 날이 부모에게는 카이로스이다. 아이가 태어나기 전과 후에 세계가 전혀 다르게 보일 만큼 그 날짜에 묵직한 의미가 생기기 때문이다.

또 2001년 9월 11일, 미국에서 동시다발적으로 테러 사건이 일어난 날이 모든 미국인에게는 잊을 수 없는 카이로스이다. 이와 마찬가지로 동일본 대지진이 발생한 2011년 3월 11일이 일본인에게는 카이로스이다.

크로노스는 만인에게 평등한 시간 흐름이다. 이에 반해 카이로스는 사람 개개인에게 속한 시간으로, 그것과 관계없는 사람에게는 특별한 의미를 지니지 않는다.

예를 들어 1945년 8월 15일은 일본인에게는 커다란 카이로스이지만, 독일인이나 러시아인에게는 별다른 의미가 없다.

'그럴 리가? 1945년 8월 15일은 태평양전쟁이 종결된 날이니까 독일인과 러시아인에게도 카이로스 아닌가?'라며 고개를 갸우뚱거린 사람도 있을지 모르겠다. 하지만 예를 들어 '태평양전쟁 종전일은 언제입니까?'라는 역사 시험 문제에 '1945년 8월 15일'이라고 답하면 오답이다. 왜냐하면 국제법상으로는 일본이 연합국에 항복하여 전쟁이 종결된 것은 1945년 9월 2일, 도쿄만에 있던 미국 전함 미주리호에서 일본 정부 대표와 연합국 군 최고사령관 더글러스 맥아더Douglas MacArthur가 '포츠담 선언'에 따른 항복 문서에 조인한 날이기 때문이다.

그렇다면 일본에서는 어째서 1945년 8월 15일을 '종전일'로 기억할까? 천황 본인이 친히 라디오 방송을 통해 '포츠담 선언' 수락 사실을 전 국민에게 알린 날이기 때문이다. 그래서 일본인에게는 9월 2일보다 8월 15일이 중요한 의미를 가진다. 하지만 이는 어디까지나 일본 국내 사정일 뿐 국제법적인 효력은 없다.

한편 북한과 한국 국민에게 1945년 8월 15일은 다른 의미에서 커다란 카이로스이다. 일본 식민지 지배에서 해방된 날이기 때문이다. 특히 한국에서는 8월 15일을 '광복절' - '일본에게 빼앗겼던 주권을 회복하고 암흑의 식민 시대가 끝난 기념일'이란 의미가 담겨있다 - 이라 부르며 매년 대대적으로 기념한다.

일본인에게는 시간의 흐름을 원형적으로 파악하려는 감각이 뿌리 깊기 때문에 '사람마다 국가마다 다른 카이로스에 의해 만인에게 평등한 크로노스라는 시간의 흐름이 절단될 수 있다'는 감각을 좀처럼 가지기 어려운 측면이 있다.

하지만 카이로스라는 시간을 늘 의식하면 시간의 무게가 반드시 평등한 것은 아니며 민족과 국가, 개인의 입장 등에 따라서 크게 다르다는 것을 체감적으로 이해할 수 있다. 이는 여러분이 앞으로 글로벌 시대를 살아가는 데 큰 힘이 될 것이다.

그리스도교를 세계종교로 만든 것은 바울

앞서 말한 바와 같이 그리스도교 역사에서의 아날로지를 통해 창가학회의 세계종교화를 고찰하는 것이 이 특별 강좌의 큰 테마이다. 반대로 말해 창가학회원도 그리스도교 역사를 공부하면 좋다. 그리스도교 역사를 공부하면 창가학회에 대한 의식도 깊어질 것이다.

특히 예수 그리스도의 제자 중에서 바울에 관해 공부할 것을 권한다. 왜냐하면 바울은 그리스도교가 세계종교화하는 과정에서 지극히 중요한 역할을 수행한 인물이고, 그러한 의미에서 이케다 회장과 오버랩되는 면이 많기 때문이다.

바울이라는 인물이 없었다면 필시 그리스도교는 현재처럼 세계종교가 되지 못하였을 것이다. 한편 현재 창가학회의 세계종교화는 이케다 회장이 없었다면 이루어지지 못했을 것이다.

이케다 회장의 스승인 도다 조세이戶田城聖 제2대 회장은 평생 동안 한 번도 일본을 떠난 적이 없다. 현재와 같이 192개 국가와 지역으로 창가학회가 퍼져나간 것은 이케다 제3대 회장이 한 세대 만에 이룩한 쾌거이다. 물론 도다 회장과 마키구치 회장도 창가학회가 세계종교화하는 미래를 내다보았을 것이다. 하지만 실제로 그 구상을 현실화한 일등 공신은 다름 아닌 이케다 회장이다.

그리스도교에서는 예수 그리스도로부터 직접 가르침을 받은 제자를 '사도'라고 한다. 레오나르도 다빈치의 명화 〈최후의 만찬〉을 비롯한 많은 종교 그림의 제재가 된 '최후의 만찬' - 예수가 처형되기 전날 밤에 제자들과 함께한 식사 - 자리에 있던 '12사도'가 특히 유명하다. 하지만 바울은 12사도에 포함되지 않는다. 왜냐하면 바울은 예수 사후에 신앙의 길로 들어선 인물로, 직접 지도받은 직속 제자가 아니기 때문이다. 그렇기는커녕 당초에 바울은 열렬한 유대교도 입장에서 예수의 제자인 그리스도교도를 탄압한 측의 사람이었다.

그런데 어느 날 바울은 예수 그리스도의 비전을 보았다. 하늘에서 눈부신 빛과 함께 나타난 예수가 "바울이여, 어찌하여 나를 박해하느냐?" 하고 물었다. 이때 이후로 바울은 눈이 먼다. 그런데 아나니아라는 그리스도교도가 신의 계시를 받고 바울을 위해 기도하자 바울의 눈에서 비늘 같은 것이 떨어졌고, 다시금 앞을 볼 수 있게 되었다. '눈에서 비늘이 떨어졌다'는 관용구의 어원이 이것이다.

이 체험을 통해 극적으로 회심한 바울은 그 후 그리스도의 가르침을 널리 퍼뜨리는 데 생애를 바쳤다.

예수의 직속 제자는 아니었지만, 그리스도교 세계에서 바울은

'사도' 중의 한 명으로 꼽힌다. 즉 그만큼 그가 달성한 업적의 의미가 크다.

그렇다면 바울은 구체적으로 어떤 일을 하였을까? 여기에서는 지엽적인 이야기는 생략하고 간략하게 설명할 것이므로 구체적인 내용은 관련 서적을 참고하길 바란다. 하지만 개략적인 설명만 듣고도 '과연! 이케다 선생님이 한 역할과 흡사하구나!' 하는 것을 아날로지컬하게 이해할 수 있을 것이다.

예수 그리스도는 사실 자신을 '그리스도교의 창시자'로 인식하지 않았다. 자기 인식이라는 측면에서 말하자면 예수는 어디까지나 유대교도였고, 유대교를 내부에서 개혁하고자 하였다.

유대교에는 다양한 파벌, 바꾸어 말해 종파가 있는데 그중에서 바리새파라는 종파의 방식을 예수는 맹렬하게 비판하였다. 왜냐하면 바리새파는 '랍비(유대교의 지도자이자 율법학자)'를 특별시하고, 일반 신도를 '땅의 사람들'이라 부르며 자신들보다 낮은 존재로 여겼기 때문이다. 특히 병자와 매춘부, 또는 차별받는 지역에 거주하는 사람 등을 멸시하였고 제대로 된 인간으로 취급하지 않았다. 지극히 차별적인 시각을 가지고 있었다. 예수 그리스도의 사고방식으로는 이와 같은 바리새파의 방식을 도저히 용납할 수 없었다.

여하튼 이 바리새파에서 그리스도교가 탄생한 것이다. 바울도 원래는 바리새파였다. 그래서 사고방식이 다른 그리스도교도들을 탄압한 것이다.

바리새파의 랍비들이 신도를 낮게 보고 학대받던 민중을 멸시한 점이 어딘가 일련정종 종문의 '승속차별주의(승려는 높은 존재이고 신도는 낮은 존재라는 사고방식)'를 상기시킨다.

그리스도교가 생기고 바울이 회심하여 그리스도교도가 되고 기원후 49년 무렵에 '예루살렘 회의'가 열렸다. 이는 초기 그리스도교가 유대교와의 관계를 어떻게 할 것인지를 처음 공식적으로 예루살렘 땅에서 논의한 회의이다.

이 회의에서는 "그리스도교는 유대교의 전통에서 생겨났으므로 할례 등의 전통은 앞으로도 지켜나가자"라는 의견이 지배적이었지만, 바울만은 "할례와 같은 유대교 전통에 사로잡혀 있어서는 안 된다"고 강력하게 주장하였다.

그 후 한동안은 유대교 각파와의 관계를 중시하는 그리스도교와 바울이 이끄는 교파로서 유대교와 관계를 완전히 끊은 그리스도교, 즉 '바울파'가 병존하였다.

하지만 결국 바울파 이외의 그리스도교는 모두 사라졌다. 즉 현존하는 그리스도교는 모두 바울파 유파이다.

바울이 종문과 결별하는 길을 선택하였기 때문에 그리스도교가 유대교와 다른 차별화된 종교가 된 것이다. 바꾸어 말해 유대교는 민족 종교이므로 그 영향을 그대로 남겨두었다면 그리스도교는 세계종교가 되지 못하였을 것이다.

앞서 일련정종 종문과의 결별은 창가학회가 세계종교화하는 데 필요불가결한 요소였다고 언급하였다. 대단히 편협하고 전근대적인 사고방식을 가진 종문에 종속되어 있는 한, 전 세계에 자유자재로 포교하기 어려웠을 것이기 때문이다. 유대교의 바리새파도 자기 민족의 가르침이라는 좁은 틀을 고집한 탓에 자신들의 문화권에만 머무르게 된 것이다.

바울이 해낸 유대교와의 결별과 이케다 회장 시대에 일어난 일련 정종 종문과의 결별, 이 두 사건은 시대도 문화권도 많이 다르지만 무척 흡사하다.

요컨대 '종문과의 결별', 바꾸어 말해 포교 대상의 한정으로 이어 지는 '교의의 좁은 틀'과의 결별은 세계종교가 되기 위한 필수불가결한 요건이다. 왜냐하면 자신들의 좁은 문화권에서 벗어나 넓은 세계로 나아가고자 하는 것이 세계종교이기 때문이다.

바울이 이룩한 중요한 과업이 한 가지 더 있다. 바로 세계 전도(세계 선교)이다. 오늘날 바울은 '그리스도교 최고의 전도자'로 불린다. 예수의 제자들은 모두 예수의 가르침을 많은 사람들에게 알리려 저마다 노력하였지만, 처음으로 '전 세계의 모든 사람에게 예수님의 가르침을 전파하겠다'고 명확하게 결심하고, 행동으로 그 결심을 실현해나간 사람은 바울이다. 그는 오이쿠메네Oikoumēnē(그리스어로 '인간이 사는 모든 땅'이라는 뜻) 전체를 선교 대상으로 파악하였다.

바울의 열정적인 전도 활동은 그 이후 예수 제자들과는 스케일이 다를 만큼 장대하였다. 예를 들어 그는 오늘날의 그리스에서부터 터키에 이르는 지역을 돌며 전도하였고 교회도 설립하였다. 또 소아시아와 그리스를 도는 '선교 여행'을 모두 세 번에 걸쳐서 하였다.

바울은 세 번째 선교 여행에서 돌아온 후 적대 관계에 있던 유대인에게 붙잡혔다. 그리고 재판에 회부돼 로마로 이송됐고 거기서 순교하였다고 전해진다. 만약 이때 순교하지 않았더라면 바울은 더 멀리까지 선교 여행을 떠났을 것이다.

바울 이전에 그리스도교는 기껏 유대인의 땅에 머문 종교에 지나지 않았으며, 그 문화권을 넘어서 이방인에게까지는 가르침이 전파되지 않았다. 바울에 의해 처음으로 전도의 테두리가 전 세계로 넓어진 것이다.

당연한 이야기지만, '자신들이 거주하는 지역과 국가에만 교리가 전파되면 된다'고 생각하는 종교는 세계종교가 될 수 없다. 세계 전도, 창가학회 용어로 표현하자면 세계 광선유포廣宣流布를 하여야 세계종교로서 첫걸음을 내디뎠다고 할 수 있다. 명확하게 전 세계 사람들에게 전도할 것을 목표로 잡고 열정적으로 활동한 바울의 활약에 의해 그리스도교는 실질적으로 세계종교로서 첫걸음을 내디딘 것이다.

이상의 두 가지, 즉 '종문과의 결별'과 '세계 전도'가 바울이 직접 이룩한 위업이다. 이 두 가지는 그리스도교가 세계종교로 비약하는 데 결정적인 역할을 하였다.

세계종교는 필연적으로 '여당화'한다

그리고 한 가지 더, 바울이 직접 이룬 것은 아니지만 바울의 활동에 의해 토대가 형성되고 그가 죽은 후에 개화된 것이 있다. 앞에서도 언급한 '그리스도교의 여당화'이다.

바울이 사망한 것은 서기 65년 무렵이며, '밀라노 칙령'에 의해 로마제국에서 그리스도교가 공인된 것은 313년이다. 따라서 바울의 공적이라고 하기엔 다소 무리가 있다. 하지만 그리스도교가 로마제국에 점차 많은 영향을 끼치다가 결국 국교가 된 과정을 살펴보면 바울의 활동과 논리가 있었기 때문에 가능하였다고 할 수 있다. 바울은 「로마인들에게 보낸 편지」 제1장에서 그리스도교도에게 국가와 무턱대고 대치하여서는 안 된다고 설득하였다.

그리고 당시 세계 최강의 제국이던 로마제국에서 공인된 것이 그 후 세계종교로 되어가는 데 큰 뒷받침이 되었다.

이 '여당화'도 세계종교가 되기 위한 조건 중의 하나이다. 세계종교인 이상 각국의 '여당'과 결부되는 것이 당연하다. '야당'에 해당하는 소수파 세력과 결부되는 것이 오히려 부자연스럽기 때문이다.

나는 진작부터 이처럼 주장하였지만, 일본에서는 좀처럼 이해받기 힘든 면이 있다. 왜냐하면 일본인은 흔히 '종교는 정치를 비롯한 세속적인 활동과 마땅히 관련이 없어야 한다'는 편견을 품고 있기 때문이다. 이는 일본 헌법의 정교분리 원칙에 대한 뿌리 깊은 오해와 결부되어 있는데, 여기에서는 상세하게 설명하지 않겠다.

나는 반대로 '진정한 종교는 신자의 인생 전체와 결부되는 법이고, 그러한 이상 인생에서 정치만 떼어낼 수는 없다'고 생각한다.

종교인이 정치에도 손을 대는 것은 오히려 당연한 일이다.

로마제국의 그리스도교 공인을 '여당화'의 사례로 들었는데, 오늘날의 대표적인 예로는 메르켈을 총리로 추대한 독일의 '독일기독교민주동맹CDU'이 오랫동안 여당으로 집권하고 있는 것을 들 수 있다. 그리스도교가 세계종교이기 때문에 이에 기초한 종교 정당인 CDU도 필연적으로 '여당화'한 것이다.

또 일본에서는 창가학회를 지지 모체로 하는 공명당이 1990년대 말부터 자민당과 연립정권이라는 형태로 '여당화'한 것을 그 예로 들 수 있다.

일본에서는 공명당이 여당의 일부를 차지하는 것에 대해 "권력에 아첨하다니 옳지 못한 짓이다!"라며 곧잘 엉뚱한 비판을 한다. 하지만 창가학회의 세계종교화가 최근 20년 동안 가속화된 것을 고려하면 공명당이 여당화한 것은 오히려 필연적이었다고 할 수 있다. 즉 창가학회의 본격적인 세계종교화와 공명당의 여당화는 동전의 양면처럼 밀접하게 연결된 것이다.

그렇다면 세계종교가 여당화하는 것이 어째서 필연적일까?

한 가지 이유는, 세계종교는 반체제적이지 않고 기존 사회 시스템을 인정한 다음 '체제 내 개혁'을 진행해나간다는 공통된 특성을 가지고 있기 때문이다. 물론 창가학회도 마찬가지이다. 창가학회의 국제기구인 각국의 창가학회 인터내셔널(이하 'SGI'라고 표기)을 보더라도 국가 체제(국가의 기본적인 정치 원칙)에 저촉되는 행위는 결코 하지 않으며 기존 사회의 시스템에 자연스럽게 녹아들어 있다.

그리고 세계종교가 체제 내 개혁을 표방하는 이상, 개혁을 진행하기 위해 가장 큰 힘을 지닌 존재인 여당과 결합하는 것은 당연한 일이다.

지금까지 설명한 '종문과의 결별', '세계 전도', '여당화'의 세 가지는 세계종교가 반드시 갖추어야 하는 '3대 조건'이다. 그리고 창가학회 역시 세 가지 조건을 완벽하게 갖추고 있다.

세계종교는 왜 '사제(師弟)'를 중시하는가?

그리고 3대 조건에 한 가지 조건을 더 추가하자면 '사제 관계를 중시한다'는 점도 세계종교의 중요한 특징이다.

세상 사람 중에는 "사제 관계를 중시하는 것은 일본 특유의 사고방식이기 때문에 서양인은 이해하기 힘들다. 따라서 창가학회의 사제불이師弟不二라는 가르침은 유럽이나 미주지역에서는 받아들여지기 힘들다. 창가학회가 그런 지역에서 포교할 때 가장 이해시키기 힘든 것은 '사제' 개념이 아닐까?"라고 주장하는 사람이 있다.

하지만 결코 그렇지 않다. 왜냐하면 그리스도교에서도 이슬람교에서도 사실 사제 관계를 무척 중시하기 때문이다.

예를 들어 앞서 언급한 바울의 분투만 보더라도 스승 예수가 남긴 가르침을 어떻게 해서든 세계에 널리 알리려는 제자로서의 일념이 원동력으로 작용하였기 때문이다. 바울은 예수를 살아생전에 한 번도 만난 적이 없지만 예수와 바울의 관계도 그야말로 '사제불이'이다.

또 이슬람교가 사제를 중시한다는 것은 『코란(쿠란)』과 함께 중요한 경전으로 꼽히는 『하디스』의 구성을 보면 명확하게 알 수 있다.

『하디스』는 예언자 무함마드의 언행록인데, "무함마드가 이와 같이 말하였다"라며 그의 언행을 전한 전승자의 이름을 끝없이 나열하고 있는 것이 가장 큰 특징이다. 예를 들어 '무함마드로부터 A가 ○○라는 이야기를 들었다는 이야기를 A한테서 B가 들었고, B한테서 C가 그 이야기를 들었다…'는 식이다. 무함마드가 한 말이 누구와 누구를 거쳐서 지금까지 전해졌는지를 정확하게 알 수 있도록 구성되어 있다.

이와 같은 전승 과정이, 예를 들어 주코문고中公文庫의 문고판 『하디스』로 쳤을 때 2~3쪽에 걸쳐 길게 기록되어 있다. 처음으로 읽으면 다소 당황스러운데, 일견 성가시게 보일 수 있는 이와 같은 구성을 일부러 취한 것은 이슬람교가 사제 관계를 중시하기 때문일 것이다. 즉 무함마드 때부터 확고하고 명확하게 이어져 내려온 사제 관계 속에서 계승된 가르침이라는 증명서이다.

『하디스』는 일상생활의 온갖 측면에서 무슬림(이슬람교도)이 취해야 하는 올바른 행동이 무엇인지를 가르쳐주는 규범집이다. 그리고 '이 규범은 스승 무함마드 때부터 사제 관계의 흐름 속에서 전해져 내려온 것이며 이와 같은 사제의 규범만이 우리를 속박할 수 있다'는 사고방식이 『하디스』의 근저에 흐르는 것이다.

또 창가학회도 마찬가지로 사제 관계를 중시하는 교단이라는 것은 많은 사람이 알고 있기에 설명할 필요도 없을 듯하다.

사실 그리스도교와 이슬람교 모두 사제 관계를 중시하였기 때문에 세계종교가 될 수 있었던 것이다. 그리고 지금 창가학회가 세계종교화하고 있는 것도 전적으로 사제불이의 교단이기 때문이다.

그렇다면 세계종교에서는 왜 사제 관계가 중요할까? 단적으로 말해 종교 하나가 세계종교가 되기 위해서는 오랜 세월과 인재가 반드시 필요하기 때문이다. 제아무리 위대한 종교적 리더라고 해도 한 세대 만에 세계종교화를 완성할 수는 없다. 따라서 제자들에게 자신이 죽은 후에 하여야 할 사명을 위탁하여야 한다. 이와 같은 제자를 육성하지 못하면 세계종교화의 흐름은 거기에서 끊겨버리기 때문이다.

이케다 회장이 쓴 『신·인간혁명新·人間革命』 제9권의 「봉추鳳雛」 챕터를 보면 다음과 같은 문장이 나온다.

> "스승과 제자의 관계는 '바늘'과 '실'의 관계와 같습니다. 스승이 '바늘', 제자가 '실'입니다. 옷을 바느질할 때 처음에는 바늘이 앞장서가지만 마지막에 가서는 필요가 없습니다. 바느질을 끝낸 후에 남아 있는 실에 가치가 있습니다. 저는 바늘입니다. 마지막에 포교의 무대에서 힘을 쓸 사람은 여러분입니다."
>
> (세이쿄와이드문고, 166~167쪽)

이 아름다운 말 속에 세계종교가 왜 사제 관계를 중시하는지
에 대한 이유가 모두 담겨 있다.

제 2 장
다른 종교의
'내재적 논리'를 알다

도시샤대학교 신학부에서 생긴 창가학회와의 접점

나는 몇몇 대학교에서 이와 같은 연속 강좌를 하였다. 모교 도시샤대학교 신학부에서도 벌써 몇 년째 강의 중이다. 도시샤대학교 신학부에서 '학문을 가르침받은 은혜'가 있어서 이에 보답하고자 강의를 결심하였다.

여러분 중에는 신학부에서 어떤 것을 배우는지 궁금한 사람도 있을 것이다. 내 배움의 나날을 나의 저서 『도시샤대학교 신학부』(고분샤신서〔光文社新書〕)에 모두 담았으므로 관심 있는 사람은 읽어보길 바란다.

이름부터가 '신학부'이므로 그리스도교 신학에 대해서만 공부하는 학부라고 생각할 수 있지만, 사실 그 이외의 종교에 관해서도 깊이 공부한다. 예를 들어 나는 불교의 '아비달마'에 관해서도 신학부에서 배웠다. 또 창가학회의 전신인 창가교육학회가 전시戰時하에서 어떤 저항을 하였는지에 관해서도 사실 신학부에서 배웠다.

내가 도시샤대학교 신학부에 들어간 것은 1979년 4월이다. 이 대학교 신학부에는 이중적인 성격이 있다. 하나는 말할 것도 없이 '도시샤대학교라는 종합대학의 학부 가운데 하나'라는 성격이다. 그리고 다른 하나는 나도 일원으로 속해 있는 '일본기독교단' 공인 신학교, 즉 '목사를 배출하는 학교'라는 성격이다.

이런 성격을 지닌 학부이다 보니 교수 대부분이 이 대학교 신학부를 졸업한 목사이다. 그런 가운데 내가 입학하였을 당시에 크리스천이지만 목사가 아닌 교토대학교 출신 교수가 딱 한 명 있었다.

유키 히데오幸日出男 교수님이었다.

유키 교수님이 일본의 전시체제하에서 다양한 종교 교단이 국가 신도神道에 대항하여 어떤 저항을 하였는가에 관한 강의를 담당하고 계셨다. 그 강의를 듣고 처음으로 창가교육학회가 전쟁 시기에 어떤 탄압을 받았는지를 자세하게 알게 되었다.

유키 교수님은 "일본 그리스도교는 전시체제에 영합하고 지조가 없었다"며 맹렬하게 비판하였다. 왜냐하면 일본기독교단은 전시 중에 「대동아 공영권에 있는 기독교도에게 보내는 서간」을 공표하는 등 전쟁 수행에 협조적인 태도를 취하였기 때문이다. 전쟁이 끝난 후 일본기독교단은 자신들의 전쟁 책임을 공식적으로 인정하고 반성의 뜻을 표명하였다.

한편 유키 교수님은 창가교육학회의 전시 저항 활동을 높이 평가하였다. "치안유지법을 위반하고 불경죄를 범하였다는 이유로 투옥된 마키구치 쓰네사부로 초대 회장과 도다 조세이 2대 회장은 국가 신도의 본질을 날카롭게 꿰뚫어보고 종교 단체로서 양보할 수 없는 일선一線을 목숨 걸고 지켰다"고 평가하였다.

중간 단체로서의 '도리'를 제대로 지킨 훌륭한 저항이며, "우리 그리스도교도는 창가학회를 보고 배우지 않으면 안 된다"라고 하셨다.

내가 지금처럼 창가학회를 깊이 이해하게 되기까지는 많은 계기와 만남이 있었지만, 그중에서도 유키 교수님의 강의가 특히 큰 역할을 하였다.

유키 교수님은 창가교육학회를 높이 평가하였지만, 아직 10대였던 당시의 나에게는 솔직히 썩 와 닿지 않았다. '그때 유키 교수님께서 말씀하신 그대로야!'라고 생각한 것은 좀 더 세월이 흐르고 창가학회에 대해서 구체적으로 이해하게 된 후였다.

후년에 나는 『마키구치 쓰네사부로 전집牧口常三朗全集』(다이산분메이사(第三文明社)) 제10권에 수록된, 전시 당시에 특별 고등경찰이 마키구치 회장을 심문한 조서를 꼼꼼하게 읽었다. 마키구치 회장이 옥중에서 어떻게 저항하였는지를 자세하게 알고 싶었기 때문이다.

통상적으로 조서라는 것은 '나 ○○는 모년 모월 모일에 이러이러한 일을 하였습니다'라는 1인칭으로 작성되기 마련이다. 취조관이 피의자의 발언을 정리하는 형태로 작성하고, 그 내용에 피의자도 동의하였다는 형식을 취한다. 이와 달리 마키구치 회장을 심문한 조서는 질문과 대답으로 이뤄진 문답 형식으로 작성되어 있었다. 무슨 말인가 하면, '마키구치 회장의 이러한 주장에 조사 당국은 일절 동의하지 않는다. 얼토당토않은 주장으로 여겨진다'는 것을 드러내기 위함이었다.

그렇다면 그 조서에서 마키구치 회장은 무슨 말을 하였을까? 예를 들어 "이세신궁伊勢新宮에는 아마테라스오미카미(일본 신화에 등장하는 태양신-역자 주)가 계신가?"라는 질문에 "아마테라스오미카미는 없습니다. 그곳에는 귀신이 있습니다. 따라서 귀신한테서 나온 신찰神札(신을 상징하는 물품. 부적과 같은 종이의 형태이다. 각 가정에서 신단에 모시고 기도할 때 쓴다-역자 주)은 받을 수 없습니다"라고 딱 잘라 대답하였다.

'신사에는 신이 없고 귀신이 있다'는 말은 니치렌 대성인이 「입정안국론立正安國論」에서 설한 '신천상 법문神天上法門'이라는 교리에 따른 발언이다. "사람들이 올바르게 불법을 행하지 않으면 선신善神이 수호하여야 할 국토를 버리고 '천상'으로 떠난다. 그러면 그 후 그 자리에 악귀가 들어오고 그 때문에 각종 재난이 일어난다"는 것이 '신천상 법문'이다.

현시점에서는 이 문답이 지니는 의미를 알기 어렵지만, 전시하에서는 엄청난 용기를 필요로 하는 발언이다. 당시 일본은 국가 신도 체제를 취하였고, '역대 천황은 모두 아마테라스오미카미의 혈통을 이어받은 자이므로 존귀하다'는 사고방식(만세일계 사상)을 전 국민에게 강요하였다. 그리고 이세신궁은 아마테라스오미카미를 모시는 곳이자 국가가 정한 사격寺格(전국의 신사 순위)의 정점에 위치하는 신사였다.

마키구치 회장은 취조에서 이세신궁을 분명하게 부정하고 "귀신이 사는 곳에서 만든 신찰은 결코 받을 수 없다"고 잘라 말하였다.

자신이 믿는 종교의 관점에서 도저히 양보할 수 없었던 선을 옥중에서 목숨 걸고 지켜낸 사람이 마키구치 회장이고, 모두가 아는 바와 같이 회장은 옥중에서 순교하였다. 나 자신도 스즈키 무네오鈴木宗男 사건에 연좌되어 감옥에서 검찰과 싸운 경험이 있기 때문에 더더욱 이것이 얼마나 엄청난 일인지를 절감할 수 있었다.

지금 생각해보면 유키 교수님의 강의 외에도 도시샤대학교 신학부 시절에 창가학회와 인연이 있었다.

1학년 때 '조직 신학'이라는 과목에서 지정한 교재가 하비 콕스 Harvey Cox의 『민중 종교의 시대 - 그리스도교 신학의 현재적 전개民衆宗教の時代 - キリスト教神学の今日的展開』(신교출판사〔新教出版社〕)였기 때문이다.

　하비 콕스라는 인물은 미국 하버드대학교 신학부 교수를 역임한 세계적으로 고명한 프로테스탄트 신학자이다. 종교사회학자로서도 유명하며, 창가학회를 연구하였고, 후년에는 제3대 회장 이케다 다이사쿠와 친분을 쌓아서 대담집 『21세기 평화와 종교를 말한다二十一世紀の平和と宗教を語る』(우시오출판사〔潮出版社〕, 2008년)를 출판하였다.

　『민중 종교의 시대』는 1970년대 그리스도교 신학의 하나의 도착점이라고 해도 좋은 책인데, 다시 한 번 읽어보니 '마치 창가학회에 대해 써놓은 것 같아!'라고 느껴지는 곳이 도처에 있었다. 이 책을 저술하였을 당시 콕스 박사는 아직까지 이케다 회장과 직접적인 면식이 없는 상태였지만, 철저하게 민중을 중시하는 자세에서 이케다 회장과 깊이 공명되는 부분이 있었던 듯하다.

　요컨대 대학 1년생 때 공부한 깊은 추억이 있는 텍스트가 나와 창가학회를 이어주는 보이지 않는 접점 중의 하나였던 것이다.

　앞서 언급한 유키 히데오 선생님과 하비 콕스의 사례처럼 그리스도교 신학의 입장에서 창가학회를 높이 평가한 사람은 적지 않다.

　한 명 더 예를 들자면, 도시샤대학교 신학부 교수와 고베여자대학神戸女学院 대학원장 등을 역임한 모리 고이치森孝一라는 신학자가 있다. 그는 『마키구치 쓰네사부로 - 창가학회 창설자』라는 박사 논문으로 박사 학위를 받았다. 이는 세계적인 종교사회학자 로버트 벨라Robert N. Bellah를 지도교수로 해서 쓴 뛰어난 논문이며, 마키구치 회장을 긍정적으로 평가하는 내용을 담고 있다.

다만 어째서인지 이 논문은 일본어로는 번역되지 않았다. 따라서 영어 실력이 좋지 않으면 읽기 어렵겠지만, 여러분은 꼭 찾아서 읽어보길 바란다. 신학자가 마키구치 회장을 어떻게 평가하는지를 알 수 있고 배우는 것도 많을 것이다.

신학과 종교학의 결정적인 차이

종교학과 신학에는 어떤 차이가 있을까? 어쩌면 막연하게 '비슷한 것'이라고 생각하는 사람도 있을지 모르겠다. 하지만 둘은 근본적으로 다르다.

그리스도교라서 '신학'이라고 말하지만, 창가학회의 입장에서 말하자면 '교학'이 된다. 창가학회원에게 '교학'이란 니치렌 불법과 창가학회의 교의에 대해 깊이 공부하고 연구하는 것이다. '교학과 종교학의 차이'라고 말하면 더 쉽게 감이 올 것이다.

신학과 종교학의 차이, 이는 이 강의를 듣는 여러분도 생각해보아야 할 테마이다. 종교학과 신학 중에서 먼저 있었던 것은 신학이다. 즉 종교학은 신학에서 갈라져 나온 학문이다.

17세기 후반부터 18세기에 걸쳐서 유럽에 '계몽 시대'가 도래하였다. '계몽'이라는 말은 영어로 'Enlightenment', 즉 '빛으로 비추다'라는 뜻이다. 계몽이나 계몽주의라는 말에는 '캄캄한 무지의 어둠을 이성의 빛으로 밝힌다'는 의미가 내포되어 있다.

종교학도 이 계몽 시대에 탄생하였다. 그때까지 신학은 과학적으로 검증하려는 자세가 부족하였기 때문에 신학의 어둠을 계몽적 이성으로 밝히고자 종교학이 등장하였다. 여기에서 생겨난 것이 예수 그리스도의 실재성을 과학적으로 실증하려는 시도였다. 예수 그리스도는 구체적으로 어떤 사람이었으며, 몇 년 몇 월 무렵에 어디에서 태어났고, 어떻게 살다가 어떻게 죽었는가를 가능한 한 과학적으로 검증해보려 하였다. 이를 '역사적 예수 탐구'라고 한다.

하지만 결과는 무참하였다. 예수 그리스도의 역사적 인물로서의 실재성을 증명할 수 없었다. '예수가 1세기 팔레스티나에 실재하였다는 것은 증명 불가능하다.' 이것이 19세기 말에 나온 결론이었다. 또한 '예수가 실재하지 않았다'는 것도 증명하지 못하였다. 1세기 후반 팔레스티나에 예수를 구세주로 숭배하는 한 무리의 사람들이 있었다는 것까지는 증명할 수 있다. 이것이 부동의 결론이었다.

애당초 1세기라는 것은 지금으로부터 2,000년도 전이므로 그러한 고대의 일을 실증하겠다는 것 자체가 무리다.

참고로 그러한 결론을 내린 것이 누군가 하면 아프리카에서 의료 활동과 평화 활동을 한 것으로 유명한 '밀림의 성자' 알베르트 슈바이처이다.

여러분은 슈바이처를 '의사'로 알고 있을 것이다. 하지만 이는 그의 일면에 지나지 않는다. 슈바이처의 인생은 3단계로 나뉜다. 음악가로 활동한 시기, 신학자로 활동한 시기, 그리고 의사로 활동한 시기이다. 나는 당연히 슈바이처의 신학자로서의 측면에 가장 관심이 많다.

다만 슈바이처가 아프리카에서 한 그리스도교 전도 활동에는 식민지주의적이며 백인우월주의적인 측면이 있어서 그의 아프리카 활동에 대한 평가가 꼭 좋지만은 않다. 나 역시 슈바이처의 식민지주의적인 면은 좋아하지 않는다.

다시 원래의 이야기로 돌아가서, 슈바이처도 깊이 관여하였던 예수의 실재성에 대한 탐구 작업에서 '그리스도의 역사적 실재성은 실증할 수 없다'는 결론이 나오자 신학과 종교학은 다른 길을 걷기 시작하였다. '실재성을 입증할 수 없는 이상, 앞으로는 불가지론(인간은 신을 인식할 수 없다는 종교적 인식론. 유신론과 무신론을 모두 배격한다-역자 주)으로 생각하지 않으면 안 된다'라며 그리스도교를 되도록 객관적이며 실재적으로 보고자 하는 입장, 이것이 종교학의 입장이다.

한편 '역사적 예수 탐구'가 막다른 길에 부딪친 후 신학은 '케리그마 그리스도 연구'로 방향을 바꾸었다. '케리그마'는 '교회의 선교 내용'을 뜻한다.

신학 입장에서는 예수 그리스도가 실재하였는가 그렇지 않은가에 대한 과학적 실증성은 그리 중요하지 않다. 1세기에 예수 그리스도를 구세주로서 숭배한 한 무리의 사람들이 있었던 것까지는 실증할 수 있고, 신학에서는 거기까지 실증하는 것만으로도 충분하다. 그 이후는 과학이 아니라 신앙의 영역이므로 교회가 어떻게 선교해왔는가 하는 쪽이 더 중요하다는 것이었다….

이것이 '케리그마 그리스도 연구'를 중시하는 신학의 입장이다.

이와 같이 19세기에 두 방향으로 나뉜 것이 종교학과 신학이다. 따라서 같은 종교를 대상으로 하지만 자세는 완전히 다르다.

그러므로 예를 들어 도쿄대학교 종교학과에 들어가면 그곳에서는 처음에 다음과 같은 말을 들을 것이다. "신학을 공부하고 싶은 사람은 종교학과에 들어오지 마십시오. 여기에서는 신학을 가르치지 않습니다. 종교학과에서 배우는 것은 현상으로서의 종교나 종교 단체 정량 분석 등입니다"라고….

바꾸어 말해 종교학은 과학적 사실을 중시하는 데 반해 신학은 과학적 사실과 종교적 사실을 저울에 달았을 때 종교적 사실 쪽에 무게를 더 둔다.

예를 들어보겠다. 『신약성서』 중에 「마르코 복음서」라는 문서가 있다. 이 문서에는 예수 그리스도의 부활에 관한 기술이 없다(현재의 텍스트에는 부활에 관한 기술이 있지만, 이는 후세에 가필된 것이다). 그리스도교에서 예수의 부활은 무척 중요한 요소이다. 하지만 "부활에 관한 기술이 없으니 「마르코 복음서」는 성서에서 제외해야 한다"는 이야기가 나오느냐 하면 그렇지 않다. 왜냐하면 「마르코 복음서」는 예수에 관한 가장 오래된 문서 중의 하나이며, 오랜 세월 동안 교회에서 수용해오고 가르쳐온 것이기 때문이다. 따라서 '케리그마 그리스도 연구'를 중시하는 신학 입장에서는 「마르코 복음서」도 중요하다.

한 가지 예를 더 들겠다. 『신약성서』에는 성서 성립 시대와 겹치는 시기에 생겨난 '그노시스주의'라는 중요한 사상에 영향을 받은 문서가 몇 가지 있다. 그노시스주의의 영향을 많이 받았다는 것, 반대로 말하자면 진정한 그리스도교의 가르침이라고 말해도 될까 싶은 모호한 면이 있는 것이다. 그래도 이 문서들을 『신약성서』에서 제외하려는 움직임은 없다. 이유는 앞서와 마찬가지로 이 문서들을 교회가 오랫동안 수용해왔다는 점을 중시하기 때문이다.

그리스도교 신학이 취하는 이와 같은 접근 방법이 창가학회에도 참고가 많이 될 것이다. 왜냐하면 니치렌 불법 교학에서도 이와 같은 판단을 하여야 할 국면이 앞으로 많을 것이기 때문이다.

예를 들어 『니치렌 대성인 어서 전집日蓮大聖人御書全集』에 수록된 많은 문서 중에서 '이것은 문헌학적으로 보았을 때 니치렌 대성인의 진필이 아닐 가능성이 높다'고 여겨지는 문서가 나왔다고 가정해보자. 학문적으로는 진필인가 그렇지 않은가는 꽤 높은 정확도로 진단할 수 있다.

그렇다면 '진필이 아닐 가능성이 높다'는 것을 알았을 때 어서 전집에서 삭제하여도 될까 그렇지 않을까? 그 문서는 역사적 사실이라는 측면에서는 진필이 아닐 수 있지만, 오랜 세월 동안 신도가 수용해온 내용이고 때로는 신도를 구원하기도 하였을 내용이다. '문헌학적 사실'보다도 그와 같은 '종교적 진실'을 중시하는 것이 교학

접근 방식으로서는 옳다. 하지만 종교학자나 문헌학자는 진필이 아닌 것으로 밝혀지면 그 즉시 그 문서를 연구 대상에서 제외하기도 한다.

요컨대 종교학자나 문헌학자 중에는 종교적 진실의 미묘한 사정과 감성을 이해하지 못하는 사람이 왕왕 있다. 그리스도교 역사를 보더라도 종교학자나 문헌학자가 교회 내부를 혼란에 빠뜨리는 역할을 한 사례가 적지 않다. 그러한 일로부터 교회를 보호하는 것도 사실 신학자의 중요한 역할 중의 하나이다.

앞으로 창가학회가 본격적으로 세계종교화해감에 따라서 세계적인 관점에서 니치렌 교학을 재조명하는 작업이 중요해질 것이다. 그때 종교적 진실을 중시하는 자세를 소중히 여기길 바란다.

'실제로 만나는 것'이 꼭 중요한 것은 아니다

과학적(=역사적, 문헌학적) 사실과 종교적 사실은 비슷하지만 같지 않다는 이야기를 하였는데, 이와 관련하여 세계종교에서는 '스승을 실제로 만나는 것'이 꼭 중요하지는 않다는 이야기를 하고 싶다.

세대적 측면에서도 그렇고 기회라는 측면에서도 그렇고 이케다 회장을 직접 만나 지도를 받은 사람이 학생 여러분 중에는 거의 없을 것이다. 당연히 '직접 본 적이 한 번도 없는 사람'도 있을 것이다. 이에 반해 소카대학교와 소카학원 초창기에는 창립자인 이케다 회장이 종종 학교를 방문하여 학생과 직접 이야기를 나누는 기회를 많이 가졌다. 선배한테서 이케다 회장을 만난 경험담을 들은 사람도 있을 것이다.

어쩌면 여러분 중에는 그 이야기를 듣고 위축되거나 열등감을 느끼고 '초창기 사람들이 부러워!'라고 생각한 사람도 있을지 모르겠다. 하지만 그럴 필요 없다. 애당초 세계종교에서는 '스승한테 직접 지도받은 직계 제자가 그렇지 않은 제자보다 뛰어나다'는 사고방식 자체가 통용되지 않기 때문이다.

사실 나도 "사토 씨는 창가학회를 긍정적으로 평가하고 이케다 회장도 존경하는 듯한데, 이케다 회장하고 만난 적은 있나요?"라는 질문을 곧잘 받는다. 그때마다 나는 즉시 다음과 같이 대답한다.

"이케다 회장님을 만난 적은 없습니다. 하지만 저는 그리스도교도이기 때문에 '직접 만나 내 눈으로 확인하여야만 믿을 수 있다'는 발상을 절대로 하지 않습니다. '만나지 않고도 믿는 것'이 중요합니다."

그런 다음에 바울에 대해서 이야기한다.

제1장에서 이야기한 바와 같이 바울은 예수 그리스도를 직접 만난 적이 한 번도 없다. 그는 예수가 죽은 후에 예수의 가르침에 눈을 떴다. 그럼에도 바울은 그리스도교가 세계종교화하는 데 결정적인 역할을 하였다.

앞서 말한 '옻칠 방식'으로 앞에서 얘기한 바울이 한 역할에 관한 이야기를 조금 다른 각도에서 살펴보겠다.

고등학교나 대학교 입시의 시험 문제로 '그리스도교를 창시한 사람은 누구입니까?'라는 문제가 나오면 '예수 그리스도'라고 적으면 정답이다. 하지만 대학교 신학부나 대학원 신학연구과 시험에서 '그리스도교의 창시자는 예수 그리스도이다'라고 쓰면 오답이고, 바울이라고 답하는 것이 정답이다. 왜냐하면 예수는 스스로를 유대교도로 인식하였고, 현존하는 그리스도교를 창시한 사람은 바울이기 때문이다. 적어도 바울이 없었다면 그리스도교는 오늘날과 같은 세계종교로서 존재하지 못하였을 것이다.

따라서 '세계종교로서의 그리스도교'를 고찰할 때는 바울의 존재가 가장 중요한 열쇠가 된다. 여러분은 바울에 주의를 기울이며 그리스도교를 공부하길 바란다.

하지만 현재 신학계에서는 바울을 그리 높게 평가하지 않는다. 바울이라는 인물은 국가 권력에 영합하는 경향이 있었고, 남성우월주의적이어서 여성에 대한 편견을 가지고 있었기 때문이다.

'국가 권력에 영합하는 경향이 있었다'고 하면 안 좋게 들리지만, 그때까지 로마제국에서 '반체제적 종교'로 간주되어 탄압받던 초기 그리스도교를 바울은 로마제국 체제와 융합할 수 있는 종교로 바꾸었다. 그렇기 때문에 나중에 로마제국의 공인을 받아 그리스도교가 세계종교가 된 플러스적인 측면도 있음을 간과하여서는 안 된다.

하지만 바울이 남성우월주의적이었던 것은 분명한 사실이며, 현대의 인권 개념에서 보았을 때 좋게 볼 수 없는 언설을 많이 하였다.

그러한 측면은 제쳐두고, 그리스도교가 세계적으로 발전하는 데 결정적인 역할을 한 바울이 살아생전의 예수 그리스도를 만난 적이 없다는 사실은 대단히 중요하다. 하물며 바울은 본디 예수의 직속 제자만을 의미하는 '사도'를 자칭하였고, 다른 그리스도교도도 이를 받아들였다. 그에 따라 바울은 현재 '사도' 대우를 받는다.

이것이 의미하는 바는 세계종교에서는 '스승을 직접 만난 제자이므로 위대하다'는 사고방식이 통용되지 않는다는 것이다.

물론 스승을 직접 만나 가르침을 받은 직속 제자가 그 가르침을 계속 전파해나가는 것은 중요한 일이다. 하지만 세계종교에서는 '직접 만난 사실'이 곧 옳음에 대한 증거가 되지 않는다.

그리스도교 역사 초기 단계에서 바울처럼 '예수를 직접 만난 적이 없는' 제자가 중요한 역할을 수행한 사실은 대단히 큰 의미를 지닌다.

그렇다면 어째서 세계종교에서는 '스승(창시자)과 직접 만났는지 그렇지 않은지는 중요하지 않다'고 여길까? 세계종교라는 것의 스케일이 시간적으로나 거리상으로나 무척 장대하기 때문이다. 100년 단위, 1,000년 단위로 세계의 구석구석까지 퍼져나가야 세계종교라고 할 수 있다. 따라서 스승이나 창시자를 직접 만난 직속 제자의 비율이 시간이 경과할수록 적어진다. 그러한 상황에서 '직접 가르침을 받은 제자만 훌륭하다'는 사고방식을 가지면 교단 내에 극소수의 특권 계층을 만들어버릴 수 있다.

애당초 신앙의 깊이와 스승과의 물리적 거리는 늘 비례하지는 않는다. 스승 곁에 있었던 시간이 길다고 꼭 신앙이 깊은 것이 아니며, 반대로 스승과 만난 적이 없다고 신앙하는 마음이 반드시 얕은 것도 아니다.

어느 창가학회원이 "이케다 선생님과 제자 간의 거리에는 두 가지 종류가 있습니다. '물리적 거리'와 '생명적 거리'입니다"라고 한 적이 있는데, 실로 맞는 말이라고 생각한다. 일찍이 창가학회 간부를 역임하였지만, 후일에 이케다 회장과 창가학회를 배신한 야마자키 마사토모山崎正友와 하라지마 다카시原島嵩 등은 한때 이케다 회장 곁에 가까이 있었다. 즉 물리적 거리에서는 스승과 대단히 가까운 위치에 있었다. 이 사람들이 반역한 것만 보더라도 직접 만나는 것이 신앙인으로서의 올바른 자세를 보장하지 않음을 잘 알 수 있다.

반대로 이케다 회장과 직접 만난 적은 없더라도 회장을 마음 깊이 존경하며 제자로서 훌륭하게 사는 알려지지 않은 사람은 많다. 그 사람들은 이케다 회장과 물리적 거리는 멀지만, 생명적 거리는 가깝다.

세계종교에는 특별한 성지가 필요하지 않다

이와 관련해서 이야기하자면 '성지주의'를 취하지 않는 것도 세계종교의 특징 중의 하나이다.

이케다 회장과 대담집 『사회와 종교社会と宗教』를 함께 집필한 영

국의 고명한 종교사회학자 브라이언 윌슨Brian Douglas Wilson 박사는 "특정한 땅을 성지로 삼고 그곳에 가지 않으면 안 된다고 말하는 종교는 세계종교가 될 수 없다"는 취지의 글을 썼다.

이것도 앞에서 말한 것과 같은 이유에서이다. 종교가 세계로 퍼져나가면 퍼져나갈수록 특정 성지를 방문할 수 없는 신도의 비율이 늘어난다. 가령 '성지를 참배하지 않으면 천국에 갈 수 없다' 또는 '성지를 참배하지 않으면 성불할 수 없다'는 교의를 가진 종교가 있다면, 성지에 못 가는 신도는 큰 핸디캡을 가지게 된다. 이는 세계종교로서 바람직하다고 볼 수 없다.

이슬람교도에게는 메카는 성지이고 평생에 한 번은 의무적으로 메카를 순례하여야 한다는 규정이 있다. 다만 여기에는 '경제적, 체력적으로 가능한 자는'이라는 단서가 붙는다. 무슨 일이 있어도 반드시 메카를 순례하지 않으면 천국에 못 간다는 경직된 교의가 아니다. '성지주의'를 취하지 않는 것은 창가학회도 마찬가지이다. 학회에서는 개조 니치렌 대성인과 관련된 곳, 예를 들어 다쓰노구치竜の口나 사도佐渡 등을 성지로 추앙하지 않는다. 또 이케다 회장도 "강한 신심으로 본존에게 기도하면 그곳이 어디든 거기가 최고의 '성지'이다"(『법화경의 지혜〔法華経の智慧〕』 보급판 상권, 485쪽)라고 하였다.

도쿄 시나노마치의 '광선유포 대서원의 전당'은 '회헌会憲'에 명기되어 있는 바와 같이 '신앙의 중심 도량'일 뿐 '성지'가 아니다. 세계 각국의 SGI 멤버가 매일 대서원의 전당을 방문하지만, 이는 '이곳

을 방문하지 않으면 성불하지 못하기 때문'이 아니다. 세계종교에
는 특별한 성지가 필요하지 않다.

왜 다른 종교에 대해서 배워야 할까?

나는 이 특별 강좌에서 창가학회에 관심을 가지고 있는 여러분에
게 "그리스도교의 역사를 공부하길 바랍니다. 특히 바울에 대해 공
부하길 권합니다"라고 반복해서 말하였고 앞으로도 말할 것이다.

왜냐하면 앞으로 창가학회가 본격적으로 세계종교로 되어감에
따라서 다른 세계종교에 대해 알아두는 것이 점점 더 중요해질 것
이기 때문이다.

그저 단순히 지식과 교양의 일환으로 그리스도교와 이슬람교의
기본적인 역사와 교의를 파악해두라는 것이 아니다. 물론 그것도
중요하지만, 다른 종교의 '내재적 논리'를 알아두는 것이 훨씬 더 중
요하다.

내재적 논리란 외면적, 표면적으로 드러난 논리가 아니라 상대방
의 사고방식의 토대를 이루는 논리이다. 예를 들어 앞 장에서 언급
한 '유일신교 세계 사람과 일본인은 시간의 흐름에 대한 감각이 서
로 다르다'는 이야기 등도 다른 종교의 내재적 논리를 이해하는 데
도움이 된다.

상대방이 의거하고 있는 내재적 논리를 알면 비즈니스 교섭부터
개인적인 사교에 이르는 모든 종류의 '교제'에서 상대방의 신뢰를

얻기 쉽고 상대방의 움직임도 더욱 잘 예측할 수 있다. 또 인간관계에서 무언가 문제가 생겼을 때도 문제 해결의 실마리를 찾기 쉽다.

물론 창가학회가 세계 광선유포라는 대사업을 추진하는 데서도 다른 문화와 문명에 사는 각국 사람들의 내재적 논리를 아는 것이 무척 중요하다.

이는 다름 아닌 이케다 회장이 누구보다 잘 알고 있었다. 과거 반세기 넘는 시간 동안 광범위한 종교 간, 문명 간 대화를 반복하며 창가학회를 192개 국가와 지역에 전파하기 위한 토대를 마련한 사람이 이케다 회장이기 때문이다.

이케다 회장은 훨씬 오래전부터 학회원과 소카대학교 학생들에게 '다른 종교의 내재적 논리를 배우는 것'의 중요성을 지도나 연설의 형태로 반복적으로 강조하였다. 대표적인 일례로 1973년 7월 13일 '제2회 다키야마 축제' 때 하였던 강연 「스콜라 철학과 현대 문명」을 들 수 있다. 소카대학교 초창기 학생을 대상으로 한 강연에서 "여러분은 스콜라 철학을 통해서 많은 것을 배워야 합니다"라고 강조하였다. 이 강연에 대해서는 나의 저서 『「이케다 다이사쿠의 대학 강연」 해설 - 세계종교의 조건『池田大作 大学講演』を読み解く - 世界宗教の条件』(우시오출판사, 2015년)에서도 구체적으로 다루었다.

스콜라 철학은 중세 유럽에서 그리스도교 신학을 모체로 탄생한 철학이다. '번쇄철학'이라고도 부를 정도로 실로 난해하고 피곤한 철학이기도 하다.

중세 유럽, 하물며 그리스도교 신학에서 탄생한 철학을 왜 오늘날 소카대학교 학생들에게 "공부하십시오!"라며 강조하였을까? 필시 직접 강연을 들은 학생 중에도 의아하게 여긴 사람이 적지 않았을 것이다.

나의 추측이지만, 이케다 회장은 1970년대 초반에 이미 21세기를 내다보고 해당 강연을 한 듯하다. 이윽고 도래할 창가학회의 세계종교화, 그때가 되면 유럽 사람들의 내재적 논리를 알아둘 필요가 있다. 이를 위해서라도 전 세계를 대상으로 포교할, 21세기 평화 사회 실현을 짊어질 학생들이 스콜라 철학을 공부해두길 바랐던 것 같다.

스콜라 철학은 일반적으로 가톨릭 철학으로 여기는데, 사실 프로테스탄트에도 중요한 철학이다. 참고로 내가 2017년 도시샤대학교 신학부에서 하였던 집중 강의 주제가 '프로테스탄트 스콜라주의'였다.

스콜라 철학은 어떤 의미에서 서양 철학의 궁극적 발전 형태, 즉 '이 이상으로는 발전하지 못한다'라는 지점까지 나아간 철학이다. 그리고 가톨릭이냐 프로테스탄트냐를 불문하고 그리스도교 문화권의 뿌리에 있는 철학이기도 하다. 소위 서구인 사고방식의 토대를 이루는 OS(운영 체제)가 스콜라 철학이다.

예를 들어 니치렌 불법과 이케다 사상을 배우다 보면 동양 사상과 일본 사상의 OS가 머릿속에 차츰 제대로 자리 잡게 된다. 하지만 그것만으로는 유럽 사람들의 사고방식을 충분히 이해할 수 없다. 따라서 서양 사상의 토대인 스콜라 철학을 배움으로써 다른 OS도 탑재하여야 한다. 나 나름대로 짐작하자면, '그리스도교 문화권 사람들의 내재적 논리를 이해함으로써 동양과 서양의 영지를 모두 아는 하이브리드 인간이 되길 바란다'는 것이 이케다 회장의 의도가 아니었을까 한다.

세 유일신교는 '내재적 논리'가 다르다

다른 종교의 내재적 논리를 아는 것과 관련해서 한 가지 질문을 던지고자 한다. '그리스도교는 성선설과 성악설 중에서 어느 쪽에 가까울까?'라는 질문이다.

꽤 어려운 문제이다. 그리스도교라고 하였을 때 일반적으로 떠오르는 '박애'를 생각하면 막연히 기본적으로 성선설에 가까울 것 같다고 생각하기 쉽다. 하지만 사실 그렇지 않다. 그리스도교의 입장은 성악설에 가깝다. '인간이란 기본적으로 악에 물들기 쉬운 존재이다'라는 성악설적 인식에 기초하여 그리스도교 교의는 구성되어 있다. 이것이 그리스도교의 내재적 논리를 이루는 근간 중의 하나이다.

성악설에 가깝기 때문에 그리스도교에는 '이건 지킬 수 있을 리가 없어!'라는 생각이 들 만한 엄격한 윤리 규범이 있다. 예를 들어 "욕정을 품고 여성을 본 자는 마음속에서 이미 간음한 것이다"라는 『신약성서』의 「마태오 복음서」에 나오는 유명한 구절이 그렇다. 즉

"간음죄란 실제로 간음(윤리에 어긋나는 육체관계를 가지는 것)하는 것만을 가리키지 않는다. 아내나 연인 이외의 여성을 보고 욕정을 느끼면 그것만으로도 '간음죄'를 범한 것이다"라는 가르침이다.

이 규범을 지킬 수 있는 남성은 제로에 가깝다. 애당초 '지킬 수 없는 윤리 규범'이라고 생각한다. 왜 이와 같은 엄격한 윤리 규범을 『성서』에 담았는가 하면 '모든 사람은 죄를 짊어지고 있다'는 것을 늘 자각하며 살도록 하기 위함이다. 이 자체가 그리스도교가 성악설에 가깝다는 증거이다. '인간은 내버려두면 금세 나쁜 짓을 하는 존재이다'라는 것이 그리스도교의 기본적인 인간관인 것이다.

그리스도교와 달리 이슬람교에는 일반적인 인간이면 지킬 수 있는 수준의 도덕규범만 있다. 물론 이슬람교에도 혼외 성관계를 한 자는 '투석형'에 처하라는 엄격한 규범이 있지만, 여기에는 빠져나갈 길도 마련되어 있다.

이슬람교에서는 아내를 네 명까지 맞이할 수 있기 때문에 유복한 사람이라도 결혼을 세 번만 하고 네 번째 자리를 공석으로 남겨두는 사람이 많다. 그리고 네 번째 빈자리를 이용해서 때때로 휴식을 즐긴다. 이것이 무슨 이야기인가 하면, 이슬람교 신자가 운영하는 수상한 결혼상담소가 있어서 그곳에서 "이 여성과 결혼하고 싶습니다. 결혼 시간은 2시간, 위자료는 3만 엔" 하는 식으로 의뢰하는 것이다…. 이런 휴식은 이슬람 법률상으로도 용인된다. 이는 매춘이 아니라 어디까지나 '네 번째 아내와 결혼하였다가 이혼하는 것'이라고 그들은 생각한다.

이슬람교 계율에는 이와 같은 빠져나갈 길이 많기 때문에 비교적 간단히 계율을 지킬 수 있다. 단, 그 규범에서 일탈한 경우에는 엄벌을 받게 되지만….

혼외 육체관계 하나만 두고 보더라도 그리스도교와 이슬람교 간에는 이만큼의 사고방식 차이가 있다.

도시샤대학교에는 '유일신교 학제연구센터'라는 기관이 있어서 그곳에서 그리스도교, 이슬람교, 유대교를 종합적으로 연구한다. 중동에서 탄생한 이 세 가지 유일신교는 형제 관계에 있고 '똑같은 신을 믿는다'고들 한다. 하지만 그런 것치고 세 종교는 윤리관이나 인생관, 신에 대한 감각이 무척 다르다.

예를 들어 그리스도교에는 만인이 짊어지고 있는 '원죄'라는 중요한 개념이 있고, 유대교에도 '원죄'까지는 아니더라도 그에 가까운 죄악 개념이 있다. 그와 달리 이슬람교에는 원죄 개념이 없다. 이슬람교에서 죄라는 것은 지었더라도 씻어낼 수 있는 것이다.

한 가지 예를 더 들면 그리스도교에서도 이슬람교에서도 소위 '최후의 심판'에 대해 가르치지만 내용은 전혀 다르다.

이슬람교의 '최후의 심판'은 『코란』이나 『하디스』에 정해져 있는 이슬람교도로서 해도 되는 것과 해서는 안 되는 것을 죽음을 맞이하였을 때 저울에 다는 것이다. 그 결과 선행을 많이 하였으면 천국에 가고, 악행을 많이 하였으면 천국에 가지 못하고 타는 불길 속으로 던져진다…. 이것이 '심판'이다.

이에 반해 그리스도교의 '최후의 심판'은 그때 재림한 그리스도의 자의에 의해 정해진다. 그때까지 인생을 살면서 얼마나 노력하였는가, 선행과 악행 중에서 어떤 행동을 더 많이 하였는가 등은 아무런 상관이 없다. 이런 점에서 보았을 때 실로 이슬람교의 사고방식 쪽이 합리적이고, 그리스도교의 사고방식 쪽은 비합리적이다.

일본인은 전반적으로 유일신교에 대해 잘 모르기 때문에 '유일신교를 믿는 사람은 이러이러하다'는 식으로 세 가지 유일신교를 대충 한 묶음으로 싸잡아서 말해도 '아아, 그렇구나!' 하고 곧이곧대로 믿는다. 예를 들어 '유일신교 신자는 사고방식이 비관용적이고, 다신교 신자는 관용적이다'라는 근거 없는 이야기를 일본에서는 꽤지적인 사람도 믿는 경우가 종종 있다. '하나의 신만 믿기 때문에 관용이 없다'라는 것은 지극히 단락적인 단정이다. 여러분은 그런 틀에 박힌 스테레오타입(고정관념)에 사로잡히지 않도록 조심하길 바란다.

애당초 방금 예를 든 바와 같이 세 개의 유일신교는 형제 관계에 있지만, 근본적인 사고방식은 크게 다르다. 따라서 당연히 '유일신교를 믿는 사람은 ○○이다'라고 일률적으로 정의할 수 없다.

국가 신도에 대한 경계심을 풀어서는 안 된다

창가학회가 세계종교화할수록 그리스도교와 이슬람교 등 다른 종교의 내재적 논리를 아는 것이 중요하다는 이야기를 하였는데, 이번에는 일본 국내로 눈을 돌려보자. 신도神道라는 일본 특유의 종교를 어떻게 받아들이는 것이 좋을까? 이는 어려운 문제이지만, 확실하게 생각해두지 않으면 안 되는 주제이다.

'창가학회는 신도와 양립 불가능하므로 반신도적인 입장을 취하겠다'는 식의 태도나 사고방식을 갖는 것으로 끝날 수 있는 문제가 아니다. 왜냐하면 일본인의 압도적 다수가 신도를 기본으로 하는 환경에서 살고 있기 때문이다. 거부만 해서는 일본에서 아무것도 할 수 없다.

예를 들어 공명당이 자민당과 연립정권을 이룬 지 시간이 꽤 오래되었는데, 자민당에는 '신도정치연맹'과 관계 깊은 의원이 많다. 아베 신조 총리는 '신도정치연맹국회의원간담회'의 현 회장이고, 간담회 멤버 중에는 아베 내각의 각료도 많다. 따라서 공명당 의원 입장으로서는 "창가학회는 신도와 양립 불가능하므로 신도정치연맹과 관계 깊은 의원하고는 함께 일을 도모할 수 없다"고만 할 수는 없는 상황이다.

창가학회원이든 그렇지 않든 때로는 신도를 믿는 사람과 함께 일을 도모하여야 한다. 이것은 일본 사회에서 산다면 어쩔 수 없는 것이다.

단, 창가학회원인 경우에는 '국가 신도'적인 것에 대한 경계심을 남보다 배로 가지고 있어야 한다. 이는 과거에 창가교육학회가 국가 신도를 정신적 지주로 삼았던 국가 권력에 탄압받았기 때문만은 아니다. 국가 신도는 이케다 회장의 '인간주의' 사상과 결정적으로 양립 불가능하며, 그런 의미에서도 국가 신도적인 것이 부활하는 맹아에 경계심을 날카롭게 세우고 있어야 한다.

『이케다 다이사쿠 명언 100선池田大作 名言100選』(주오코론신샤(中央公論新社), 2010년) 중에 다음과 같은 말이 나온다.

> "국가 권력이라는 것은 일종의 종교이다. 그릇된 종교이다. 국가를 위해서 사람이 있는 것이 아니다. 사람을 위해서 사람이 국가를 만든 것이다. 이를 거꾸로 한 '전도 종교'가 국가 신앙이다."(119쪽)

이는 국가 신도에 대해서만 한 말은 아니지만, 전전戰前(제2차 세계대전 이전-역자 주)에 국가 신도가 하였던 위험한 역할을 염두에 두고 한 말임에는 틀림이 없다. 국가 신도는 일본이 패전한 후 GHQ(연합국 군 최고사령관 총사령부)에 의해 해체되었지만, 그래도 21세기 오늘날에도 국가 신도적인 것을 부활시키고자 하는 세력이 있고, 그 위험성도 사라진 것이 아니다. 이케다 회장은 이에 대한 경계심을 한시도 늦춘 적이 없을 것이다.

그 경계심이 여실하게 나타난 사례가 이케다 회장과 영국의 역사가 아놀드 토인비Arnold Toynbee의 대담집『21세기를 여는 대화 二十一世紀への対話』에 담겨 있다. 이케다 회장의 수많은 대담집 중에서도 최고 수준의 내용을 자랑할 뿐 아니라 세계적으로도 가장 많은 영향을 끼친 명저이다.

나는 월간지『우시오潮』에『21세기를 여는 대화』를 풀어서 해석

하는 연재를 2년에 걸쳐서 한 적이 있다. 『지구 시대의 철학 - 이케다와 토인비의 대담 해설地球時代の哲學 - 池田·トインビー対談を読み解く』(우시오신서〔潮新書〕, 2017년)이라는 책으로 종합 정리하여 출판하였으므로 꼭 읽어보길 바란다. 이 대담집에 국가 신도라는 주제를 놓고 이케다 회장과 토인비가 불꽃 튀게 토론하는 장면이 나온다.

이케다 회장과 토인비의 대담이 시종일관 부드러운 분위기 속에서 진행된 만큼 두 사람이 유일하게 격렬하게 토론하는 이 장면이 유달리 인상적으로 다가온다.

토인비는 신도에 대해 긍정적으로 평가하였다. 신도는 자연에 대한 존엄성을 인정하는 종교이고 또 무척 평화적인 종교라고 하였다.

어떤 일면에서는 그 말이 맞다. 예를 들어 일본이라는 국가는 지금도 대단히 녹음이 풍부하다. 국가 전체의 '녹피율(국토에서 산림이 차지하는 비율)'이 핀란드의 뒤를 이어서 세계 2위이다. 선진국치고 경이적으로 높은 녹피율을 자랑하는 요인 중의 하나가 신도가 자연을 중시하는 종교인 데에 있다. '진수鎭守의 숲(신사에 부속된 산림)' 등의 형태로 산림을 보호해왔기 때문이다. 이는 신도의 장점이고, 이는 인정하여야 한다.

하지만 이케다 회장은 다음과 같이 토인비의 의견에 반론을 제기하였다.

"신도神道는 확실히 자연의 온갖 존재에 존엄성을 인정하는 사고방식에서 탄생한 종교입니다. 하지만 어째서 존엄하게 보는가? 신도는 이를 뒷받침할 철학적 체계를 가지고 있지 못합니다. 그 근저에 있는 것은 선조 때부터 대대로 내려온 익숙한 자연에 대한 애착심입니다. 이는 선조를 매개로 하는 자연 숭배라고 할 수 있습니다. 따라서 신도에는 지극히 국수주의적인 일면이 있습니다. 그리고 이 신도 이데올로기가 드러난 단적인 예가 소위 신국神國 사상입니다. 이 신국 사상은 주지하는 바와 같이 지극히 독선적입니다. 이렇게 보면 신도의 경우, 자연에 대한 융화성은 그 일면에 지나지 않고, 그 뒷면에는 다른 민족에 대한 폐쇄성과 배타성을 가지고 있는 셈입니다."

(『21세기를 여는 대화』, 이케다 다이사쿠·아놀드 토인비, 세이쿄와이드문고, 147~148쪽)

요컨대 "자연 신도와 국가 신도는 구별하여 생각하지 않으면 안 되고, 일견 평화적인 자연 신도에도 그 뒷면에는 국가주의와 결부되기 쉬운 위험한 일면이 있음을 잊어서는 안 된다"고 이케다 회장은 강조한 것이다.

그리고 신도가 그와 같은 본질적 위험성을 내포한 종교인 이상, 모종의 계기로 국가 신도가 부활할 가능성은 21세기에도 충분히 있다.

그 위험한 맹아의 일례로서 모리토모학교森友学園(오사카시에 있는 사립학교 법인)를 둘러싼 문제를 풀어가는 과정에서 가고이케 야스노리籠池泰典(모리토모학교의 전 이사장) 씨가 "신도는 종교가 아니다"라는 취지의 발언을 한 것을 들고 싶다. 이는 모리토모학교가 오사카부 도요나카시에 개교할 예정이던(나중에 설치인가 신청 취하) '미즈호노쿠니기념초등학교瑞穂の國記念小學院'와 관련해서 한 발언이다. 해당 초등학교 홈페이지에서는 '일본 최초이자 유일한 신도 초등학교'라고 설명하고 있다.

"신도는 종교가 아니다"라는 발언이 무엇이 문제인가 하면, 이는 전전戰前 당시 국가 신도의 논리 그 자체이기 때문이다. 국가 신도 체제를 만들었을 때 당시에 정부는 "신도는 종교가 아니다"라는 '신사 비종교론'을 내세우고 이에 근거하여 "종교가 아니므로 불교 신자도 그리스도교 신도도 신찰을 받들어라"라며 종교 통제를 추진하였다.

"신도는 종교가 아니다"라는 사고방식을 방치해서 그것이 정치계까지 퍼지면 그다음에는 어떻게 될까? 모리토모학교 문제의 배후에는 국가 신도의 재림으로 이어질 위험성이 잠재해 있다.

한 가지 예를 더 들면, 야스쿠니신사靖国神社 문제의 해결책으로서 '야스쿠니신사를 대신할 종교적으로 중립적인 국립 추도시설을 만들려는 움직임'이 있는데, 개인적으로 무척 우려된다. 왜냐하면 사자의 영혼을 달래는 행위 자체가 종교적인 행위이기 때문이다. 따라서 설령 '종교적으로 중립적인 시설'이라고 주장하더라도 시설 자체가 국가 종교의 거점이 될 수 있다.

그 시설이 건설된 후에 가령 '종교적으로 중립적인 시설이므로 모든 국회의원은 참배를 하여야 한다'는 이야기가 나오게 되면 이는 사실상 참배 강제이다. "신도는 종교가 아니므로 어떤 종교를 믿든 신찰을 받들어라"라며 강제한 전전의 국가 신도와 본질적으로 아무런 차이가 없다.

이런 식으로 '종교의 자유'가 침해될 위험성이 있음을 민감하게 감지하지 않으면 안 된다.

제 3 장
창가학회의 '회헌'이
가지는 의미

일본의 특수성을 알지 못하면 보편성을 알 수 없다

제2장에서 '창가학회원이든 그렇지 않든 국가 신도의 부활에 남보다 배로 경계심을 가져야 하고, 신도를 받아들이고 대하는 방식에 세심한 주의를 기울여야 한다'는 이야기를 하였다. 이와 관련해서 일본 천황제에 관해서도 피상적인 기초 지식 그 이상의 것을 공부해두어야 한다. 한 가지 이유는 과거 국가 신도 체제에서 천황이 중핵을 이루었기 때문이다. 일본이라는 나라의 심층에 깊이 잠재되어 있는 신도의 비밀을 알기 위해서는 천황제에 대해서도 알아야 한다.

또 다른 이유는 창가학회가 앞으로 본격적으로 세계종교화를 추진해나가는 과정에서 '어떤 것이 일본의 특수성인가?'를 숙지해둘 필요가 있기 때문이다. 이를 모르면 일본의 특수성을 보편적인 것으로 오해한 나머지 세계 각국 사람들과 원만하게 대화를 해나갈 수 없을 것이기 때문이다.

현재의 조부모 세대에 해당하는 창가학회원은 쇼와 천황昭和天皇에 대한 부정적인 이미지를 가지고 있을 수 있다. 왜냐하면 마키구치 쓰네사부로 초대 회장과 도다 조세이 2대 회장을 감옥에 넣고 마키구치 회장을 순교시킨 전전의 국가 신도 체제 시대에 쇼와 천황은 대일본제국 육해군 최고지휘관인 '대원수'였기 때문이다. 간접적이었다고는 하나, 초대 회장의 순교에 쇼와 천황도 책임이 있다.

하지만 여러분 부모님 세대, 하물며 여러분과 같은 젊은 세대에 이르면 천황제에 부정적인 이미지를 가지고 있는 사람이 별로 없을 것이다.

개인적으로 천황을 어떻게 생각하는가는 제쳐두더라도, 천황제에 대해 아는 것은 창가학회라는 미래의 세계종교를 짊어질 사람에게 필수 교양이라고 할 수 있다. 천황제가 얼마나 뿌리 깊게 일본 문화를 규정하는가를 보여주는 사례의 하나로서 중국과 한국과 일본 각 나라의 유교 수용 방식 차이를 들 수 있다.

여러분은 일반적으로 유교라고 하면 '공자의 가르침'이라고 생각할 것이다. 물론 유교는 공자가 시조인 사상 체계이다. 공자와 함께 '맹자의 가르침'이라는 측면도 적지 않다. 유교는 다른 말로 '맹자의 가르침'이라고도 한다.

맹자는 공자의 가르침을 계승하여 발전시킨 중요 인물이다. 사실 중국과 한국에서는 유교라고 하면 공자보다 오히려 '맹자의 사상'으로서 수용되었다. 즉 공자보다 맹자에게 무게가 있다.

그런데 일본에서는 교훈이 담긴 '맹모삼천지교'와 '맹모단기지교' 이야기만 유명하지 다른 가르침은 널리 회자되지 않는다. 그렇게 된 데는 명확한 이유가 있다. 맹자의 가르침 중 하나인 '역성혁명' 사상이 일본에서는 수용되지 않았기 때문이다. 그 이유는 천황제와 관련이 있다.

'역성혁명'이란 한마디로 '왕조 교체를 정당화하는 이론'이다. '혁명'이라고 하면 창가학회원은 먼저 '인간혁명'을 연상하겠지만, 여기에서 말하는 '혁명'은 '천황을 바꾼다'는 의미이다.

중국에는 '하늘은 자신을 대신하여 덕 있는 왕에게 지상을 통치케 한다'는 사고방식이 있다. 왕을 덕이 있기 때문에 하늘에 의해 '선발된' 존재로 여긴다. 그런데 왕이 폭군이 되어 민중을 괴롭히면 하늘은 새로운 왕을 선택하여 그로 하여금 폭군을 방벌(추방, 정벌)케 한다. 그리고 폭군을 처단한 후 새로운 왕이 새로운 왕조를 세운다. 이것이 '천명을 바꾸는 것'이고, 왕조의 이름이 바뀌는 것을 '역성'이라고 한다.

중국에서는 긴 역사 동안에 빈번하게 왕조가 교체되었는데, 왕조 교체는 '역성혁명' 이론에 의해 뒷받침되었고 정당성이 부여되었다.

역성혁명 이론과 관련된 흥미로운 이야기 하나를 소개하겠다.

일본에서는 일반적으로 무지개를 보면 어떤 기분이 들까? 아마도 '와! 아름다워. 오늘은 무언가 좋은 일이 있을 것만 같아!'라는 생각에 마음이 들뜨기도 하고, 스마트폰으로 무지개 사진을 찍어 인스타그램에 올리기도 할 것이다. 적어도 현대 일본에는 "무지개를 봐서 기분 나빠!"라는 사람이 없을 것이다.

하지만 중국인은 무지개를 불길하게 여긴다. 따라서 여러분에게 중국인 친구가 있다면 그 친구에게 무지개 사진을 메시지로 전송하여서는 안 된다. 좋은 의도로 보냈더라도 상대방은 '왜 재수 없게 무지개 사진을 보냈담!' 하며 화를 낼 수 있기 때문이다.

중국인은 왜 무지개를 불길하게 여길까? 역성혁명 이론에서 하늘이 진노하였다는 '흉조' 표시로 보기 때문이다. 그 영향이 현대 중국에도 남아 있다.

내가 아는 중국대사관 서기관은 "어렸을 때 어머니께서 '무지개를 보면 눈이 멀어버리니 보지 말거라'라고 하셨어요"라고 하였다.

사실 메이지 시대(1868~1912년-역자 주)까지는 일본인도 무지개를 불길하게 여겨 싫어하였다. 역성혁명 이론은 정착되지 않았지만 『맹자』는 일본에도 유입되었으므로 그 영향인 듯하다.

그렇다면 현대 일본에 사는 우리가 무지개를 보고 '좋은 일이 있을 것 같아!'라고 느끼는 데는 어떤 이유가 있을까? 이는 아마도 그리스도교의 영향일 것이다.

『구약성서』의 첫 권 「창세기」에 나오는 '노아의 방주' 이야기를 보면 대홍수에서 무사히 살아남은 노아에게 신이 "이제 인류를 멸망시킬 만한 대홍수는 결코 일으키지 않겠다"고 약속하며 그 증표로 하늘에 무지개를 띄워주는 장면이 나온다. 서양에서 무지개를 길조로 보는 것은 여기에서 기원한다. 그리고 이런 관념이 메이지 시대 이후 일본인에게도 영향을 준 것이다.

이와 같이 무지개에 대한 관념에까지 종교가 영향을 끼친다는 점이 무척 흥미롭다.

일본에서는 '역성혁명'이 일어난 적이 있을까?

앞서 일본에서 '역성혁명' 이론이 수용되지 않은 것은 천황제와 관련이 있다고 말하였다. 그렇다면 대체 어떤 관련이 있는 것일까?

설명한 바와 같이 역성혁명은 왕조 교체를 정당화하는 이론이다. 하지만 진무 천황神武天皇(제1대 천황-역자 주)부터 이어져 내려온 일본 역대 천황은 '만세일계', 즉 아마테라스오미카미(일본 신화에 나오는 태양의 신-역자 주)의 피를 이어받은 자손이므로 결코 '왕조 교체'가 있어서는 안 된다고 생각하였다. 따라서 역성혁명 이론을 일본에 정착시켜선 안 되었다. 이것이 일본에서 맹자 사상이 대중적이지 않은 이유이기도 하다.

우리는 모두 호적이 있고 성이 있지만, 사실 호적과 성이 없는 일본인이 극히 일부 존재한다. 상황, 상황후, 천황, 황후 등의 왕족이다. 미치코美智子 님(일본 제125대 천황의 황후-역자 주)에게는 결혼 전에 '쇼다正田'라는 성이 있었고, 마사코雅子 님(일본 제126대 천황의 황후-역자 주)에게도 결혼 전에 '오와다小和田'라는 성이 있었다. 하지만 황실에 시집온 후로는 '미치코 님', '마사코 님'이라고만 불린다. 성이 없어진 것이다. 또 우리와 같은 호적이 없는 대신에 황실에는 '황통보皇統譜'라는 것이 있다.

그렇다면 왜 천황에게는 성이 없을까? '만세일계'이기 때문이다. 초대 천황부터 현 천황에 이르기까지 면면히 동일한 하나의 가계에서 천황은 태어났기 때문에 성을 붙여서 구별할 필요가 없다.

반대로 말하면 역성혁명이 일어나 다른 왕조로 교체되면 안 되기 때문에 애당초 성을 붙이지 않은 것이기도 하다. 좌우간 만세일계의 신화가 천황에게 성이 없는 것을 통해 드러나고 있는 셈이다.

하지만 만세일계는 객관적으로 보면 그야말로 신화이고 픽션이다. 왜냐하면 일본에서 흔히 '기기記紀'라고 부르는 두 가지 서적, 『고사기古事記』와 『일본서기日本書紀』(각각 712년과 720년에 편찬된 일본 고대 역사서-역자 주)의 기술만 검증해보더라도 실제로는 고대에 왕조 교체가 있었음을 알 수 있기 때문이다. 이는 천황제의 금기와 관련된 주제여서 일본사 수업에서는 가르칠 수 없었겠지만….

고대 제25대 천황은 '부레쓰 천황武烈天皇'이다. 부레쓰 천황과 관련하여 『고사기』에 "황위를 계승하겠다고 알릴 왕이 없었다", 즉 '뒤를 이을 자식이 없었다'고 기술되어 있다. 또 『일본서기』에도 "황자도 황녀도 없어서 황위 계승이 끊겼다"며 마찬가지로 뒤를 이을 자식이 없었다고 기록되어 있다. 어느 쪽 기술을 보더라도 후사가 없었으므로 만세일계 혈통이 이 시점에 한 번 끊겼을 것으로 추정된다.

그렇다면 그다음 천황은 누가 되었을까? 제26대 게이타이 천황継体天皇은 제15대 오진 천황応神天皇의 5대손으로 알려져 있다. 즉 부레쓰 천황에게 후사가 없어서 수백 년 전에 집권하였던 다른 천황의 자손을 황위에 올린 것이다.

동일한 천황가라고는 하나 15대 천황의 5대손을 26대 천황으로 추대하다니, 이미 같은 혈통이라고 말하기 어려운 듯싶다.

부레쓰 천황에서 게이타이 천황으로 이어진 변칙적 황위 계승을 만세일계의 실이 간신히 이어진 것으로 보아야 할까? 아니면 이 시점에서 황통이 끊겨 실질적 왕조 교체가 일본에서도 일어났다고 보아야 할까? 이에 대해서는 역사학자들 사이에도 논의가 분분하다. 이를 '부레쓰·게이타이 문제'라고 부른다.

한편 이 '부레쓰·게이타이 문제'에는 중요한 측면이 한 가지 더 있다. 이는 후계자를 남기지 못한 채 붕어한 부레쓰 천황이 몹시 잔학하였다는 이야기다. 다만 이 이야기는『고사기』에는 일절 기술이 없고『일본서기』에만 등장한다.

『일본서기』는 부레쓰 천황이 자행한 악독하고 비도덕적인 행위로 '임부의 배를 갈라서 그 안에 든 태아를 보았다', '손가락에서 멀쩡한 손톱을 뽑아낸 후 손톱 없는 맨손으로 마를 캐게 시켰다', '나무 위로 올라가라고 명한 후 활로 쏘아 떨어뜨리며 웃었다', '여자를 벌거벗겨 평평한 판자에 묶고 수말과 성교케 하였다' 등을 예로 든다.

듣는 것만으로 속이 메스꺼워지는 이러한 갖가지 잔학 행위가 어디까지 역사적 사실인지는 분명치 않다. 어쩌면 게이타이 천황이 뒤를 이은 것을 정당화하기 위해서 후일에 창작한 '이야기'일 수도 있다.

이렇게 생각하면 이 시점에서 역성혁명 이론이 재차 부상하게 된다. 앞서 언급한 바와 같이 역성혁명 이론은 '왕이 민중을 괴롭히는 무도한 행위를 반복하면 하늘이 노하여 다른 왕조로 교체시킨다'는 것이기 때문이다. '부레쓰 천황이 극악무도한 행위를 하였기 때문에 역성혁명 이론에 따라서 왕조 교체가 이루어졌다'는 해석이 가능해진다.

이 '부레쓰·게이타이 문제'에 대해서는 일찍이 기타바타케 지카후사北畠親房도 독자적으로 해석한 바 있다. 기타바타케 지카후사는 남북조 시대(1336~1392년-역자 주)의 남조 측 사상가이자 이론가였던 인물이다. 그는 자신의 대표적인 저서 『신황정통기神皇正統記』에서 '부레쓰·게이타이 문제'에 대해 논급하고 만세일계 사상에 대해서도 독자적인 해석을 펼쳤다.

시대의 앞뒤 순서가 다소 바뀌었는데, 가마쿠라 시대(1185~1333년-역자 주) 말기에 천태종 종주, 즉 천태종 수장이던 지엔慈円이 『우관초愚管抄』라는 저서에서 '백왕설'이라는 것을 소개하였다. 백왕설이란 간단히 말해 '어떤 왕조든 아무리 길어도 100대까지밖에는 지속되지 않는다. 그것이 한계이다'라는 사상으로 중국의 '사서오경' 중 하나인 『예기』에 나온다.

지엔은 『우관초』에서 "중국 사상이라는 것은 현 세계의 국제적 기준이므로 일본에도 적용할 수 있다"라는 취지의 주장을 하고, 그런 연후에 다음과 같이 기록하였다.

"진무 천황 후 100왕이 오기까지 이미 남은 때 적으매 이미 84대에나 이르렀나니."

(『일본 고전문학 대계 86日本古典文学大系八六』, 1968년, 이와나미서점岩波書店, 129쪽)

즉 '진무 천황 때로부터 셈하였을 때 현재(가마쿠라 시대 말기)의 천황이 84대째에 해당하므로 앞으로 16대 안에 천황 왕조는 멸망할 것이다'라고 소위 예언한 것이다.

당시 천태종 종주는 단순히 '직책 높은 스님'이 아니라 일본의 오피니언 리더였으며, 특히 국가를 수호하기 위한 사상을 만들어내는 역할을 한다고 여겨졌다. 이에 지엔의 이 주장은 가마쿠라 시대 말기에 일본의 공식적인 독트린Doctrine(교의)이 되었다.

기타바타케 지카후사가 『신황정통기』에서 '부레쓰·게이타이 문제'를 논급한 것은 전적으로 지엔의 예언에 반론을 펴기 위함이었다. '100대를 끝으로 천황 왕조는 멸망할 것이다'라고 한 지엔은 틀렸다고 주장하고 싶었던 것이다.

지카후사는 지엔이 중국 『예기』의 사상을 그대로 일본에 적용한 것을 비판하였다. 왜냐하면 일본은 신도 원리에 따른 황통이 고대부터 쭉 이어져 내려온 독특한 국가이고, 빈번하게 왕조가 교체되는 중국의 기준이 일본에는 들어맞지 않는다고 봤기 때문이었다. 그러므로 천황 왕조는 100대 이후에도 계속 이어질 것이라고 지카후사는 말하였다. 하지만 그의 만세일계 이론은 상당히 유연하고 독특하였다. 역성혁명 이론에 바탕을 두면서도 이에 독자적인 수정을 가한 사상이었다.

지카후사는 "어느 천황이 악정을 행하였을 시에는 그 천황은 폐위되고 황족 중에서 그때까지 지류에 있던 자가 천황의 자리에 오른다. 이와 같은 식으로 같은 왕조 안에서 '혁명'이 일어난다"고 생각하였다.

이는 다른 혈통 사람이 새로운 왕이 되는 것이 아니다. 천황가라는 만세일계의 큰 나무에서 악정으로 말미암아 가지 하나가 고사하면 다른 가지가 두꺼워져서 새로운 가지가 된다고 지카후사는 말하였다. 즉 '다른 왕조로 교체되는 게 아니라 동일한 왕조의 내부에서 방벌이 일어나므로 역성혁명이 아니다'라는 논리였다.

이 논리를 적용하면 부레쓰 천황에서 게이타이 천황으로 이어진 변칙적 황위 계승은 정당화되고, 만세일계 황통이 도중에 끊긴 것도 아니게 된다. 지카후사는 소위 만세일계를 확대 해석한 것이다.

지카후사가 주장한 이 사상이 현재에 이르기까지 일본의 공식적인 독트린이 되어왔다. 그래서 '부레쓰·게이타이 문제'에서도 만세일계는 깨지지 않았다는 견해가 나오는 것이다.

일본의 역사를 알면 세계 광포에 도움이 된다

천황과 만세일계의 이야기를 장황하게 하였는데, "이 이야기가 창가학회의 세계종교화와 무슨 상관이 있지?"라며 고개를 갸우뚱거리는 사람도 있을 것이다.

앞으로 창가학회의 세계종교화가 진행되면 진행될수록 여러분 중에는 해외의 다른 문화에서 나고 자란 사람을 접할 기회가 많아지는 사람도 있을 것이다. 그때가 되면 일본 역사, 그중에서도 특히 일본 종교와 관련된 질문을 자주 받게 될 것이다.

그때 만약에 "저는 니치렌 불법과 창가학회에 대해서는 잘 알지만, 그 이외의 종교나 일본 역사에 대해서는 잘 모릅니다"라고 대답한다면 어떻게 될까? "이 사람은 일본인이면서 일본의 종교와 역사에 무지하군!"이라며 기막혀할 것이다.

그리고 이것이 창가학회의 세계 광포廣布를 방해하는 자그마한 장해로 작용할 수도 있다. 왜냐하면 실제로야 어떻든 상대방의 눈에는 그 사람이 창가학회를 대표하는 사람으로 보일 것이기 때문이다. 일본 역사와 니치렌 이외의 종교에 무지하면 상대방에게 포교를 하더라도 설득력이 없다.

창가학회원의 스승인 이케다 다이사쿠 제3대 회장은 불세출의 명교사였던 도다 제2대 회장으로부터 8년에 걸쳐서 개인 지도를 받았다. '도다대학'이라는 이름으로 알려진 사제불이의 개인 지도이다. 그리고 도다대학에서 진지하게 학습에 임하며 기른 교양이 제3대 회장이 되어서 서로 다른 문명에 속한 사람, 서로 다른 종교를 가진 사람과 대화하게 되었을 때 대화의 토대가 되어주었다고 이케다 회장은 술회하였다. 아무튼 '20세기 최고의 역사가'라 불리는 토인비 박사와 대등하게 이야기를 나눌 정도의 교양을 갖추었으니 대단하다고 하지 않을 수 없다.

그렇게까지는 되지 못하더라도 지적 교양을 갖춘 해외 엘리트와 대화할 때 상대방이 "과연 일본의 역사와 종교에 대해서 잘 아는구나!"라며 감탄할 정도의 교양은 필요하지 않을까?

내 경험담을 이야기해보겠다. 대학 입시 때 나는 세계사를 선택하였다. 대학생 시절과 대학원생 시절에도 그리스도교 연구는 세계사와 밀접하게 연관되어 있기 때문에 세계사를 열심히 공부하였다. 반면 일본사는 충분히 공부하지 못한 채 외교관으로서 첫걸음을 내디뎠다.

그런데 외교관 업무에는 사실 일본사에 관한 교양이 무척 많이 요구된다. 왜냐하면 외교관으로서 해외 엘리트와 커뮤니케이션할 때 그들에게 가장 많이 받은 질문이 일본 역사와 관련된 것이기 때문이다. 외무성에 배치돼 들어가면 먼저 엄격한 연수를 받는다. 그 연수 때 연수생 한 명이 강사(선배 외교관)에게 이런 질문을 하였다.

"해외에 나가서 근무할 때 어떤 책을 가지고 가면 좋습니까?"

이에 강사는 잠시 생각한 후에 다음과 같이 대답하였다.

"일본사 책을 가져가십시오. 외국인이 우리에게 하는 역사에 관한 질문 대부분이 일본에 관한 것입니다. 이때 올바르게 대응할 수 있어야 합니다. 그렇지 못하면 부끄러운 것은 물론이고, 자국 역사를 제대로 모르는 외교관은 외국인에게 존경받지 못합니다."

나는 '오오! 과연 그렇겠다!' 하고 생각하고, 주코문고의 문고판 『일본 역사日本の歷史』 전 26권과 안도 다쓰로安藤達朗가 쓴 수험 참고서 『대학교로의 일본사大学への日本史』를 샀다. 특히 후자는 외교관 시절 내내 가방에 넣고 다니며 너덜너덜해질 때까지 읽었다. 그렇게 해서 얻은 지식이 외교관 업무를 하는 내내 얼마나 도움이 많이 되었는지 모른다.

나는 최근에 수험 참고서계의 명저 『대학교로의 일본사』를 『단숨에 다시 배우는 일본사いっきに学び直す日本史』(도요경제신보사〔東洋経済新報社〕)로 제목을 바꾸어 복간하는 기획에 참여하였다. 일본사에

관한 최고의 기본서이기도 하니 여러분도 읽어보길 바란다.

이상은 외교관으로서의 경험이지만, 창가학회의 세계종교화라는 중책을 짊어질 여러분에게도 마찬가지로 일본사에 대한 교양이 요구된다. 예를 들어 외국인이 천황과 만세일계에 대해서 물었을 때 앞서 설명한 것들을 바탕으로 이야기한다면 상대는 결코 여러분을 얕볼 수 없을 것이다. 피상적인 표면적 지식뿐 아니라 천황제와 신도의 내재적 논리를 알아두는 것이 중요하다.

역사의 핵심을 파악하기 위하여

'역사를 배우는 것은 사관을 기르는 것이다'라고 도다대학에서 도다 제2대 회장이 젊은 시절의 이케다 회장에게 말하였다.

실로 맞는 말이다. 역사를 배운다는 것은 연호나 인명을 암기하는 것을 의미하지 않는다. 사관, 즉 역사에 대한 자기 나름의 견해와 입장을 가지는 것이 역사를 공부하는 데는 가장 중요하다. 바꾸어 말해 역사의 급소를 어떻게 파악할 것인가가 중요하다.

예를 들어 유럽 역사에서 가장 중요한 급소는 1648년에 체결된 '베스트팔렌 조약'이다. 왜냐하면 베스트팔렌 조약으로 유럽 주권 국가 체제가 확립되었고, 오랜 시간 동안 계속되어온 가톨릭과 프로테스탄트의 대립에 종지부가 찍혔기 때문이다. 달리 말하면 베스트팔렌 조약 체결에 의해 국가가 국제 관계의 기본이 된 것이다.

그 이전 시대에는 국가보다 종교에 무게가 있었다. 예를 들어

1517년부터 종교개혁이 시작되었지만, 그렇다고 민중 한 사람 한 사람이 자신의 종교를 선택할 수 있었던 것은 아니다. 가톨릭이든 루터파든 거주하는 땅의 영주가 종교를 선택하면 영민은 이에 따를 수밖에 없었다. 하지만 그 구도가 베스트팔렌 조약으로 깨지면서 종교보다 국가의 무게가 커졌다. 이때부터 본격적인 '세속화'가 시작되었고 계몽사상이 유행하였다. 이러한 흐름을 살펴보면 베스트팔렌 조약이 유럽 사회를 중세에서 근대로 넘어가게 한 큰 분기점이라는 것을 알 수 있다. 그래서 급소인 것이다.

세계사와 일본사 교과서에는 방대한 지식이 담겨 있기 때문에 평면적으로 전부 암기하려고 하면 눈앞이 감감해지고 만다. 하지만 베스트팔렌 조약과 같은 급소를 먼저 확실하게 공략한 다음에 전체적인 흐름을 파악하면 이해하기 쉽다.

교과서에 나오는 주요 문학 작품도 마찬가지이다. 주요 작품 전부를 읽는 것은 불가능에 가깝지만, 급소가 되는 작품은 읽어두면 좋다. 예를 들어 단테의『신곡』, 괴테의『파우스트』, 일본의 문학 작품 중에서는『태평기太平記』… 등은 꼭 한번 읽어보아야 한다.

일본에서 괴테의『파우스트』는 '제목은 알지만 읽어본 적은 없다'는 사람이 많다. 하지만 독일인과 영국인, 또는 러시아인 중에서 지식인이라는 사람은 대게『파우스트』를 읽었다. 『파우스트』는 '지식인이 되기 위한 입장권'이라고 할 수 있는 서적이다. 그러한 의미에서 여러분도 기본 교양서적으로서 읽어두어야 한다. 이케다 회장도『파우스트』에 관해 스피치와 수필, 대담집 등에서 반복적으로 언급하였다.

『파우스트』는 사실 단테의 『신곡』을 바탕으로 쓴 책이다. 그러니까 『신곡』도 무척 중요한 작품이라고 하겠다.

왜 중요한가 하면 『신곡』은 유럽 사람들, 혹은 미국인을 포함한 구미 사람들 종교관의 기초를 이루는 작품이기 때문이다. 그와 동시에 중세적인 표상이 다수 사용되었지만 작품을 관통하는 사고방식은 근대적인 '하이브리드 작품'이다.

『신곡』은 주인공이 지옥과 연옥과 천국을 둘러보는 이야기이다. '연옥'은 가톨릭 교리에 나오는 개념으로, 수행이 부족하여 천국에 가지 못하였거나 세례를 받지 않은 채 죽은 사람이 가는 곳이다. 이러한 가톨릭 세계관도 스토리를 통해 자연스럽게 이해할 수 있다.

일본에서도 베스트셀러가 되었고, 영화화도 된 『다빈치 코드』라는 소설이 있다. 이 책을 쓴 댄 브라운Dan Brown 작가는 그다음에 『인페르노』라는 소설을 썼는데, 이 책은 일본에서는 거의 팔리지 않았다. 왜냐하면 단테의 『신곡』을 바탕으로 제작한 작품이기 때문이다. 『신곡』을 읽어본 적이 없는 사람은 이해할 수 없는 구성이다. 따라서 대개의 일본인은 이해하기 어려웠을 것이다. 바꾸어 말하면 유럽에서는 『신곡』의 내용을 다들 아는 게 당연하기 때문에 『인페르노』도 이해할 수 있었던 것이다.

이처럼 유럽 지식인에게는 상식인 작품이므로 『신곡』은 한 번쯤 읽어두는 것이 좋다.

『신곡』의 내용은 중세와 근대의 하이브리드다'라고 말하였는데,

일본에서는 마찬가지로 『태평기』가 하이브리드 작품이다. 음양사와 요괴와 같은 중세적인 표상으로 가득하지만, 작품을 관통하는 논리는 근대적이다.

16세기에 프란시스코 사비에르Francisco de Xavier를 위시한 예수회 선교사들이 일본으로 건너와 선교를 하였다. 사실 그들은 『태평기』를 읽고 일본어와 일본 역사를 공부하였다. 『겐지 이야기源氏物語』나 『헤이케 이야기平家物語』에 나오는 일본어는 통하지 않았겠지만, 『태평기』에 나오는 일본어라면 16세기 일본에서 충분히 통하였을 것이다.

당시 마카오에서 크리스찬판(그리스도교 포교를 위해서 선교사들이 출판한 문헌의 총칭-역자 주) 『태평기』가 인쇄되었다. 바로 이것이 16세기 선교사들이 공부한 그 버전이다. 그리스도교 계열 출판사 교분칸教文館에서 최근에 복각판(『크리스찬판 태평기 발초〔キリシタン版太平記抜書〕』)이 간행되었다. 이 책을 보면 마카오 주교가 "이것은 반그리스도교 서적이 아니다"라고 인정한 증명문이 붙어 있다. 40권에 달하는 방대한 『태평기』를 16권 분량으로 발췌·편집한 것으로, 일본어와 일본인의 역사와 생활에 대해 학습하기 쉽도록 구성되어 있다. 또 본래 『태평기』에는 신도神道와 불교에 관한 기술이 많이 나오는데, 그리스도교도 입장에서 보았을 때 바람직하지 않게 여겨지는 부분은 삭제되었다.

예수회 선교사들이 일본과 일본어를 배우기 위한 교과서로 이용하였을 정도이니, 현대 일본에 사는 우리가 남북조 시대의 일본에 대해 학습하기 위한 텍스트로 사용하더라도 충분히 유용할 것이다.

이상과 같이 단편적으로 소개한 이야기만 살펴보더라도 역사라는 것이 얼마나 종교와 깊이 관련되어 있는지를 잘 알 수 있다. 종교를 빼고는 역사를 알 수 없다. 반대로 종교에 주목하며 살펴보면 역사의 급소와 핵심이 잘 보인다.

이케다 회장이 중심이 되어 이룩한 현재까지의 창가학회 세계 광포 추이도 종교에 착목하면 깊이 이해할 수 있다. 예를 들어 창가학회는 구소련하고도 깊은 교류를 나누었다. 이케다 회장은 전 세계의 무수한 대학으로부터 명예박사 칭호를 받았는데, 1975년 모스크바대학교로부터 명예박사 학위를 수여받은 것이 그 첫 번째이다.

참으로 신기한 일이다. 구소련은 '과학적 무신론'을 국가 정책의 기본 방침으로 내세우고 있는 무신론 국가였다. 따라서 본래 종교인하고는 양립 불가능하다. 그런데도 이케다 회장이 구소련을 방문하면 구소련 공산당 중앙위원회는 정중하게 응대하며 국가의 빈객으로 대우하였다. 그리고 모스크바대학교에서는 명예박사 학위까지 수여하였다. 어째서일까?

물론 이케다 회장의 훌륭한 인품에 그들이 마음을 연 측면이 클 것이다. 또 그것과는 별개로 불교가 무신론적인 종교인 것도 한 가지 요인으로 작용하였을 것이다.

'불교는 무신론'이라고 말하면 여러분은 놀랄 것이다. 하지만 그리스도교나 이슬람교와 비교하였을 때 불교는 '종교이지만 무신론적'이라고 할 수 있다.

물론 불교에도 여러 가지 분파가 있고, 아미타불이 구제해줄 것이라고 믿는 정토종이나 정토진종 등 유신론적인 성격을 지닌 종파도 있다. 하지만 전반적으로 불교는 무신론적이다. '신이 인간을 창조하였다'라고 말할 법한 초월적인 신적 존재를 믿지 않기 때문이다.

따라서 무신론 국가였던 구소련으로서도 그리스도교나 이슬람교보다는 불교가 훨씬 교류하기 수월한 대상이었을 것이다. '불교는 무신론적인 구조를 가졌으므로 우리와도 서로 이해할 수 있는 부분이 있지 않을까?'라고 생각하여 교류의 허들이 낮았던 것이 아닐까 싶다.

『인간혁명』 개정은 '살아 있는 종교'라는 증거

나는 그리스도교가 걸어온 2,000년 역사를 잘 알기 때문에 창가학회가 현재 놓인 상황도 그리스도교와의 아날로지(유추)로 잘 이해하는 면이 있다. 예를 들어 어떤 논자가 창가학회를 비판하였을 때 '그런 건 그리스도교 역사를 생각해보면 당연한 일이고, 비판할 만한 일이 아니다'라고 생각하기도 한다. 세계종교의 상식에 비추어보면 비판하는 이유가 적절하지 않은 경우가 종종 있다.

예를 들어 이케다 회장의 장편 소설『인간혁명人間革命』은 일부를

개정하여 '제2판'을 간행하였다. 개정이 필요해진 이유에 대해서는
『인간혁명』 세이쿄와이드문고판 서문에서 다음과 같이 설명하였
다.

"『인간혁명』은 창가학회 정신의 정사正史이다. 문고판 발간
에 앞서 『이케다 다이사쿠 전집池田大作全集』에 수록해서 발간
하는 문제를 두고 전집간행위원회에서 문제 제기를 하였다.

문제 제기란 최근 약 20년 사이에 개조開祖 두 분의 뜻을 위
배하고 부패하고 타락한 종문이 불의불칙佛意佛勅의 단체인
창가학회를 붕괴시키고자 도모하고 불법을 파괴하는 원흉이
돼버린 지금 『인간혁명』을 전집에 수록할 때에도 그 점을 고
려하여야 하지 않을까 하는 것이었다.

그러한 경위로 전집간행위원회가 명예 회장에게 종문과의
관계를 기술한 부분에 대한 재고를 제안하자, 명예 회장은 숙
고 끝에 "여러분이 그와 같이 요청하신다면"이라며 그들의 의
견을 존중하고 퇴고推敲를 승낙하였다.

또 역사 관련 기술에서도 원고 집필 후에 새로운 자료가 발
견돼 공개되면 재차 꼼꼼하게 확인한 연후에 "50년 후에 젊은
독자가 읽더라도 잘 이해되도록 표현과 표기 등을 다시 한 번
수정하고 싶습니다"라는 뜻을 밝혔다."

(『인간혁명』, 이케다 다이사쿠, 세이쿄와이드문고판, 2013
년, 3~4쪽)

이 개정에 대해 창가학회에 비판적인 세력과 논자는 "내용을 변경하는 것은 자신에게 불리한 역사를 은폐·수정하려는 행위이고 변절이다"라며 비판하였다.

하지만 내가 보았을 때는 왜 개정을 비판하는지 도통 이해할 수가 없다. 왜냐하면 우리 프로테스탄트 그리스도교에게는 『신약성서』 내용이 시대에 맞추어 여태까지 몇십 번이나 반복적으로 개정된 것이 상식으로 여겨지기 때문이다. 개정된 이유는 예를 들어 문헌학적인 연구 성과에 의해 오류로 밝혀진 기술을 수정하기도 하고, 말투를 이해하기 쉽도록 현대어로 수정하기도 하고, 문법적 오역으로 밝혀진 부분을 개역하는 등 이유는 다양하다.

『인간혁명』 개정을 비판하는 사람은 『신약성서』가 지속적으로 개정된 사실을 알까?

다만 프로테스탄트가 계속해서 성서를 개정한 것과는 대조적으로 가톨릭은 개정하지 않고 『불가타』(라틴어 성서)의 내용을 불변의 것으로 취급하는 경향이 있다. 이는 제쳐두고 우리 프로테스탄트에게 『신약성서』는 '지금 여기에 있는 사람들을 그리스도의 가르침으로 구원한다'는 목적을 위해 존재하는 텍스트이다. 그렇다면 지금 살아 있는 사람들에게 가장 이해하기 쉬운 형태로 시대에 발맞추어 개정하는 것이 당연하다.

『인간혁명』도 마찬가지이다. 이 작품은 연구자나 '학회 연구가'를 위해 집필된 것이 아니라 일본의 모든 학회원, 세계의 SGI 멤버를 위해 집필된 것이다. 멤버 개개인이 학회 역사를 알고 스스로 인간혁명을 어떻게 달성할 것인가를 배우기 위한 텍스트이다. 그러므로 현 시대에 적합하도록 업데이트가 이루어지는 것이 당연하다.

종문과 결별하고 이미 30년 가까운 시간이 흘렀기 때문에 젊은 여러분은 대석사大石寺(일련정종의 사원이자 총본산-역자 주)나 종문에 대해 잘 모르는 점이 많을 것이다. 이처럼 집필 당시와 비교하여 종문과의 관계가 크게 변한 이상, 그 변화에 부응하여 개정하는 것은 당연한 일이다. 이러한 변화는 창가학회가 '살아 있는 종교'라는 증거이다.

여러분 중에는 창가학회를 세계종교화해나가는 역할을 할 사람도 있을 것이므로 먼저 제2판을 통해 『인간혁명』 사상을 확실하게 공부한 연후에 제1판도 읽어 개정된 내용을 알아두는 것이 중요하겠다. 그러고 나서 제1차, 제2차 종문 사건에 대해서도 깊이 이해하고, '왜 이러한 개정이 필요하였을까?'를 자신의 머리로 고찰해보는 것, 이것도 중요한 과제이다.

기본형을 파악하여야 '변형'도 가능하다

덧붙여서 니치렌 불법의 교학 연구에 대해서도 외부 관찰자로서의 내 의견을 밝히겠다.

창가학회의 경우, 전국적으로 행해지는 교학 시험 두 달 전이 되면 학회 공식 사이트에 시험 대비 인터넷 강의가 올라온다. 사실 나도 그 시기에 인터넷 강의를 곧잘 본다. 인터넷 강의는 테마별로 짧으면 약 8분, 길어도 약 15분으로 정리되어 있는데, 매번 '참 잘 만들어진 강의다!'라며 감탄하였다. 일하면서 교학 시험에 응시하는 사람이 대부분일 것이다. 이에 강의 길이가 길면 공부하기 힘들지 않을까 하고 배려한 것이 잘 느껴졌다.

강의 내용도 학회 교학부 담당자가 절대로 기본선에서 벗어나지 않고, 사적인 의견도 일절 드러내지 않고, '기본형'을 중시하는 내용으로 이루어져 있다. 이는 바람직한 방향성이다. 교학 능력의 기초를 기르는 시험은 철저하게 기본형을 중시하여야 한다.

나는 도시샤대학교 신학부 학생들에게 강의할 때도 "학부 시절에는 신학의 기본형을 철저하게 익히길 바란다"고 늘 강조한다. 왜냐하면 학문이든 무술이든 그 외의 어떤 것이든 마찬가지이지만, 기본적인 형태를 확실하게 익힌 사람만이 그 후에 '변형'하여 독자성을 발휘할 수 있기 때문이다. 기본적인 형태를 익히지 않고 변형부터 하려고 하면 변형이 아닌 얼토당토않은 행태가 되어버린다.

종교에서도 처음에는 신학과 교학의 기본형을 확실하게 가르치는 것이 세계종교의 특징이다. 그리스도교에는 그리스도교 교리를 알기 쉽게 설명한 '캐티키즘(교리문답서)'이라는 입문용 텍스트가 마련되어 있다.

창가학회에는 『교학 입문教学入門』, 『알기 쉬운 교학 - 신입 회원 강좌やさしい教学 - 新会員講座』 등의 입문용 텍스트가 있는데, 이도 마찬가지이다. 세례를 받은 지 얼마 되지 않은 사람 등은 먼저 이 캐티키즘 텍스트를 착실하게 학습하라고 지도한다.

이슬람교에서는 『코란』이나 『하디스』 등의 기본 경전을 먼저 철저하게 익히도록 지도한다. 이것이 기본형이다.

이처럼 기본형을 확실하게 학습할 수 있는 체제가 정비되어 있는 점을 보더라도 창가학회는 이미 세계종교로 발전할 준비가 갖추어져 있다고 할 수 있다.

'회헌'과 '에큐메니컬 신조'의 공통점

나는 2017년에 '창가학회 회헌'이 제정된 것을 창가학회의 세계종교화가 본격화되었음을 보여주는 큰 메르크말(지표)로 본다.

'회헌'이란 학회 공식 사이트의 설명에 따르면 "창가학회는 세계로 퍼져나가는 세계교단이며, '창가학회 회헌'은 창가학회의 최고 법규로서 전 세계 창가학회 단체와 회원에게 적용된다"(Topics, 2017년 9월 2일)라고 한다. 제14조에 "이 회헌은 이 학회의 근본 규범이고 최고 법규이며 다른 규정에 우선한다"라고 되어 있는 바와 같이 글자 그대로 '창가학회의 헌법'에 해당한다.

물론 창가학회 회칙은 그 이전부터 있었고 'SGI 헌장'도 전부터 있었다. 그렇다면 왜 새롭게 '회헌'을 제정할 필요가 있었을까? 이는 그야말로 세계종교화를 내다본 대처로 생각된다.

현재 창가학회는 전 세계 192개 국가와 지역으로까지 뻗어나갔고, 앞으로 더욱 세계적으로 발전해나가려 하고 있다. 그리 되면 일본과는 전혀 다른 문화와 종교 토양을 가진 국가도 많으므로 전 세계 공통의 창가학회 규범이 될 '최고 법규'가 여태까지보다 훨씬 중요해진다.

이는 '창가학회원이라면 이 기본선에서 절대로 벗어나서는 안 된다'는 신앙의 공통 '기본 문법'을 정한 것이다.

나는 이 회헌의 중요성을 그리스도교 '에큐메니컬Ecumenical(세계 교회주의의) 신조'에서의 아날로지로 이해하였다. '에큐메니컬 신조'란 가톨릭, 프로테스탄트, 동방정교의 모든 교파에 공통적으로 적용되고 지켜야 하는 그리스도교의 '기본 문법'을 정리한 것이다.

같은 그리스도교라고 해도 가톨릭과 프로테스탄트와 정교는 기본적인 사고방식에서부터 시작해서 모든 것이 많이 다르다. 그래도 '벤다이어그램(집합 관계를 도식화한 것)'에서 두 개의 원이 겹치는 부분처럼 '이 부분은 공통이다'라는 기본적인 사고방식도 있다. 그 공통 부분에 해당하는 삼위일체 신앙, 예수 그리스도에 의한 속죄, 부활 신앙, 교회의 본질 등에 대해 간결하게 정리한 것이 '에큐메니컬 신조'이다. 가톨릭과 프로테스탄트와 동방정교가 공통적으로 사용하는 신조가 에큐메니컬 신조인 것이다. 에큐메니컬 신조란 '그리스도교 세계의 모든 교파가 일치를 본 신조'라는 뜻이다.

이 '에큐메니컬 신조'에 상당하는 것이 '사도 신경信經', '니케아-콘스탄티노플 신경', '칼케돈 신조', '아타나시우스 신조'이다. 사도 신경과 아타나시우스 신조는 (가톨릭·프로테스탄트) 교회에서, 니케아-콘스탄티노플 신경과 칼케돈 신조는 동방정교회에서 자주 쓰는데, 이 네 신조는 모두 교회에서 인정되는 신조이다. 에큐메니컬 신조에는 그리스도교 세계에 공통되는 기본 문법이 담겨 있다.

신조의 구체적인 내용은 이야기가 길어지므로 여기에서는 생략하겠다. 좌우간 에큐메니컬 신조가 있고, 그것이 그리스도교 전 교파의 기본 문법을 이룬다는 것만 이해해주길 바란다.

그렇다면 왜 에큐메니컬 신조와 같은 것들이 제정되었을까? 한마디로 말해 그리스도교의 세계종교화에 대응하기 위한 움직임이었다.

이미 언급한 바와 같이 313년 '밀라노 칙령'에 의해 로마제국에서 공인되기까지 그리스도교는 비합법적 반체제 종교였고 로마제국의 탄압을 받았다. 탄압받을 당시에는 에큐메니컬 신조에 해당하는 것을 만들려는 움직임이 전혀 없었다. 탄압에 맞서는 것만으로도 벅차 그럴 계제가 아니었던 면도 있었겠지만, 당시에는 그리스도교 신자들의 견해가 일치하였기 때문이기도 하다.

하지만 로마제국의 공인을 받아 사실상 국교가 되고 그리스도교도가 점점 늘어나자 그리스도교 내부에도 다른 견해를 지닌 파벌이 생겨났고 대립이 발생하였다. 그래서 그 대립을 조정할 공통 신조를 만들어 서로 다른 교파를 공존시킬 필요성이 생긴 것이다.

밀라노 칙령을 발표한 콘스탄티누스 대제(1세)는 로마제국의 통일을 유지하는 데 그리스도교가 유용하게 쓰이겠다고 생각하여 계속 우대 정책을 펼쳤다. 하지만 당시 교회에서는 아버지 신과 아들신(=그리스도)의 관계를 둘러싸고 격심한 논쟁이 전개되고 있었다. 아버지와 아들이 동일한 본질을 지닌다고 생각하는 '아타나시우스파'와 아버지가 더 우월하다고 생각하는 '아리우스파'가 대립하였다. 이에 콘스탄티누스 대제가 325년에 '니케아 공의회'를 열었고 여기에서 '니케아 신조'가 채택되었다.

이 사례를 통해 알 수 있듯이, 그리스도교 세계에서 심각한 견해의 상이와 대립이 발생하였을 때 이를 조정하여 공존을 도모하기 위해 에큐메니컬 신조가 생겨난 것이다.

밀라노 칙령이 그리스도교가 세계종교화하는 결정적인 계기가 되었다고 앞서 제1장에서 설명하였다. 그야말로 세계종교화가 시작되었기 때문에 공통적인 기본 문법을 정해둘 필요가 생긴 것이다.

물론 그리스도교의 경우와 달리 각국 SGI와 일본 창가학회 사이에는 심각한 교의상의 대립이 일어난 상황이 아니다. 하지만 앞으로 세계종교화가 진행됨에 따라서 그러한 대립이 생겨날 위험성은 충분히 있다. 그 위험성에 대비하여 기본적인 교의에 관한 견해 차이가 발생하였을 때 어느 쪽이 옳은지를 판정하기 위한 기준으로서, 또는 '되돌아가기 위한 원점'으로서 회헌을 규정하였을 것으로 판단된다.

또한 이는 창가학회의 세계종교화가 본격화되었기 때문에 필요해진 것이다.

'3대 회장이야말로 근간'임을 명확화

회헌은 2017년 11월 18일에 시행되었지만, 두 달 이상 전인 2017년 9월 1일에 창가학회의 총무회에서 가결되었고, 9월 2일부『세이쿄신문聖教新聞』지면을 통해 발표되었다. 9월 1일 단계에서 이미 시행할 수 있었지만, 일부러 2개월 남짓의 시간을 두었다. 이것이 무엇을 의미하는지를 먼저 생각해보겠다.

2개월 남짓은 필시 모든 학회원에 대한 '주지 철저 기간'으로 마련된 것으로 여겨진다. 『세이쿄신문』을 통해 발표하였다고는 하나, 모든 학회원이 이를 즉시 읽는다고는 볼 수 없다. 또 읽었더라도 회헌이 가지는 의미를 잘 이해하지 못하는 사람도 있을 것이다. 이에 각 지역 간부가 지역 회원들을 가정 방문하거나, 여러 지역 회합에서 담당 간부가 설명하는 형태로 회헌의 의미를 깊이 생각하고 이해하도록 하기 위함이다. 또 만약 의문스러운 점이 있을 시에는 솔직하게 의견을 말하여도 되고, 지역 간부와 의논을 하여도 좋다…. 이러한 의미에서 유예 기간을 두었을 것이다.

나는 이러한 점에서 창가학회의 민주성을 느낀다. 세상 사람들 중에는 '창가학회에서는 학회 본부가 결정한 것을 회원들이 순종적으로 따를 뿐이다'라고 생각하는 사람도 있지만, 결코 그렇지 않다.

그렇다면 이번에는 회헌의 구체적인 내용을 인용하고, 그것이 창가학회의 세계종교화를 어떻게 보여주는지를 설명하겠다.

먼저 학회 공식 사이트에 회헌 내용을 간결하게 요약한 문장이 있으므로 이를 인용하겠다.

"회헌은 전문과 15조의 본문으로 구성된다. 전문 내용은 '3 대 회장'의 광선유포에 있어서의 위대한 사적事績을 통하여 세계에 전파된 창가학회의 불변의 규범으로서 '3대 회장'의 지도 및 정신을 영원히 창가학회의 근간으로 함을 확인하고 창가 학회의 종교적 독자성을 명확히 하는 것이다.

본문에는 창가학회의 명칭, 교의, 목적, 3대 회장, 광선유포 대서원의 전당, 명예 회장, 회장 등 창가학회의 근간을 이루는 세계 공통 사항과 함께 세계 교단 운영에 관한 사항과 회헌이 근간 규범이자 최고 법규라는 것 등이 명시되어 있다."

(학회 공식 사이트, Topics)

이 요약을 보면 알 수 있듯이 회헌의 가장 중요한 포인트는 창가 학회의 3대 회장, 즉 초대부터 3대까지의 마키구치, 도다, 이케다 회장의 의의와 위치를 명확화하였다는 점이다. 3대 회장은 제4대 이후의 회장하고는 전혀 차원이 다른 존재이며, 3대 회장의 지도와 정신이야말로 창가학회의 근간이라고 밝혔다….

이어서 회헌 중에서 3대 회장의 의미에 관한 조항을 인용하겠다.

"마키구치 선생님, 도다 선생님, 이케다 선생님의 '3대 회장' 은 대성인의 유명遺命인 세계 광선유포를 실현할 사명을 짊 어지고 출현한 광선유포의 영원한 스승이다. '3대 회장'이 관 철한 '사제불이' 정신과 '사신홍법死身弘法(죽음을 마다하지 않고 법을 전파하겠다는 뜻-역자 주)'의 실천이야말로 '학회 정신'이며 창가학회의 불변의 규범이다. 일본에서 시작되어 이제는 전 세계로 퍼져나간 창가학회는 모두 이 '학회 정신'을 체현한 것이다. (중략)

　창가학회는 '3대 회장'을 광선유포의 영원한 스승으로 받들고, 이체동심의 신심을 이케다 선생님이 보인 미래와 세계에 걸친 큰 구상에 근거하여 세계 광선유포의 대원을 성취해나갈 것이다."

　(회헌 전문前文, 창가학회 공식 사이트)

　"제3조. 초대 회장 마키구치 쓰네사부로 선생님, 제2대 회장 도다 조세이 선생님, 제3대 회장 이케다 다이사쿠 선생님의 '3대 회장'은 광선유포를 실현하고자 한 사신홍법의 체현자이며 이 학회 광선유포의 영원한 스승이다.
2. '3대 회장'에 대한 경칭은 '선생님'으로 한다."

　(창가학회 공식 사이트)

　"제5조. 이 학회는 '3대 회장'을 광선유포의 영원한 스승으로 받들고, 제2조의 교의 및 전 조항의 목적을 같이하는 세계 각국·지역의 단체(이하, '구성 단체'라고 한다) 및 회원으로 구성된다."

　(앞의 출처와 같음)

이들 조항이 하나같이 뜻하는 것은 3대 회장은 앞으로 계속 학회원의 '영원한 스승'이고, 이를 빼고는 학회의 신앙이 존재할 수 없으며, 그리고 이는 세계 각국의 SGI 조직에서도 마찬가지다…라는 것이다.

이는 예시이지만, 나중에 어떤 나라 SGI 조직의 수장이 "우리는 개조 니치렌 대성인은 부처本仏로 받들겠지만, 3대 회장은 영원한 스승으로 인정할 수 없다"고 선언한다면 그 순간부로 창가학회와는 함께 갈 수 없다. 이는 명확한 분파 활동으로 간주되는, 수장의 교체 처분 등이 필요한 긴급 사태이다. 회헌 규정은 그만큼 무거운 의미를 지닌다.

3대 회장을 '영원한 스승'으로 자리매김하고 그들에 대한 경칭도 '선생님'으로 정함으로써 명확하게 명문화한 것, 이는 창가학회가 세계종교화를 추진해나가는 데서 지극히 중요한 의미를 지닌다. 왜냐하면 '신앙의 중핵이 되는 고유명사'를 가지는 것은 세계종교에는 사활이 걸린 문제라고 할 만큼 중요하기 때문이다.

그리스도교의 경우에는 말할 것도 없이 예수 그리스도가 신앙의 중핵이 되는 고유명사이다. 이슬람교의 경우에는 예언자 무함마드가 고유명사이고, 시아파의 경우에는 알리(시아파의 초대 이맘=종교지도자. 시아파에서는 무함마드보다 알리를 더 숭배한다)가 고유명사이다. "세계종교에서는 고유명사가 중요하다"고 주장하는 사람은 아마도 나뿐이어서 다소 이해하기 어려울 수 있다.

이 경우에 고유명사란 다른 고유명사로 대체 불가능한 존재이다. 예를 들어 이케다 다이사쿠 회장의 이름을 제4대 이후의 창가학회 회장의 이름으로 바꾸는 것은 절대로 불가능하다.

그렇다면 그만큼 중요한 고유명사를 근간에 두면 무엇이 가능해질까? 언어적 교리만으로는 미처 다 설명할 수 없는 것을 그 고유명사에 담을 수 있다.

나는 신학자이기 때문에 뼈저리게 잘 알지만, 종교 교리라는 것은 제아무리 정밀하게 언어로 표현한다 하더라도 다 설명할 수 없는 잔여 부분이 반드시 발생한다. 그것이 종교가 종교인 까닭이다. 교리의 완전한 언어화는 사실상 불가능하다.

하지만 종교의 근간이 되는 고유명사를 가짐으로써 이 문제를 해결할 수 있다. 예를 들어 그리스도교의 경우에는 예수 그리스도로부터 받는 감화라는 형태로 그리스도교도 개개인이 언어화되지 않는 잔여 부분을 이해한다. 언어로 다 표현할 수 없는 가르침까지 고유명사에 담을 수 있는 것이다.

이케다 회장의 지도를 받거나 저서를 읽으며 감동할 때 이는 단순히 표면적 언어에 감동하는 것이 아니다. 언어화할 수 없는 이케다 회장의 생명, 인격, 행동에서 받는 감화도 있는 것이다. 나는 이 부분에서 고유명사가 세계종교에서 지니는 무한한 가능성을 발견하였다.

이케다 회장을 둘러싼 '주어 문제'에 관하여

종교의 중핵이 되는 고유명사의 중요성과 관련해서 '평화안전법제'를 둘러싼 논의에서 부상한 '주어 문제'에 대해 여기에서 한마디 해두겠다.

먼저 '평화안전법제'에 대한 나의 평가를 밝히겠다.

일부 정당과 세력은 그 법제를 '전쟁법'이라고 부른다. 자민당에 협력함으로써 그 성립에 가담한 공명당에 대해서는 '평화의 당'이라는 간판을 버린 것이냐고 비판하였다.

하지만 나는 그렇게 생각하지 않는다. 오히려 '자위대가 지구의 뒤편까지 미국을 뒤따를 수 있도록 풀 스펙의 집단적 자위권 행사를 할 수 있게 하자'고 한 자민당의 제안에 대해 공명당이 그와 같이 주장함으로써 자위대 활동에 확실하게 제동을 걸고 '평화 구조'를 더욱 강화한 것이 평화안전법제라고 생각한다.

그러나 이는 어디까지나 나의 의견이다. 창가학회원 중에도 '평화안전법제 때문에 전쟁 리스크가 상승하였다! 공명당이 평화안전법제에 가담한 것을 용납할 수 없다!'는 의견을 가진 사람이 있을 것이다. 학회원이라도 그와 같은 의견을 가지는 것은 자유이고, 그 의견에 기반해서 반대 데모 등에 참가하는 것도 자유이다.

다만 문제는 평화안전법제에 반대하는 학회원 중에 "이 법제는 이케다 선생님의 가르침에 반하기 때문에 용납할 수 없다. 평화안전법제 성립에 가담한 공명당, 이를 용인한 창가학회의 현 집행부는 스승 이케다 선생님을 배신한 것이다"라고 주장한 사람이 일부 있었던 것이다.

하지만 이케다 회장은 평화안전법제에 관해 의견을 일절 발표한 적이 없다. 따라서 "평화안전법제는 이케다 선생의 가르침에 반한다"는 의견은 그렇게 말한 사람의 자의적인 추측과 생각일 뿐이다.

"나는 학회원이지만 평화안전법제에 반대한다"라고 한다면 주어는 '나'가 되고, 자신의 의견이므로 표명은 자유이다. 하지만 "이케다 선생님의 가르침에 반하기 때문에 반대한다"고 하면 의견의 주어가 '이케다 선생님'이 된다. 그러면 간과할 수 없다.

이를 그리스도교도의 상황으로 바꾸면 "예수 그리스도의 가르침에 반하기 때문에 평화안전법제에 반대한다"라고 하는 것과 같다. 당연한 이야기지만, 예수는 평화안전법제에 대해 언급한 적 따위가 없으므로 이는 자의적인 생각이다. 자신의 자의적 생각을 위해서 자신들의 '구제의 근거'인 귀중한 예수의 이름을 끌어들이는 것은 종교인으로서 용납받을 수 없는 행위이다.

일부 창가학회원이 멋대로 '이케다 선생님'의 이름을 주어로 삼아서 정치 문제 등에 관한 주장을 펼치는 것, 이를 나는 '주어 문제'라고 부른다.

회헌에 정해져 있는 바와 같이 3대 회장의 지도 및 정신을 활동의 근거로 삼는 것이 창가학회원으로서 지켜야 할 기본선이다. 이케다 회장이 실제로 하지도 않은 주장을 멋대로 만들어내고 '이케다 선생님'의 이름을 자신의 정치적 주장에 이용하는 것은 용납받을 수 없는 일이다. 이는 '분파 활동'에 상당하는 행위로 간주되는,

그 어떤 세계종교에서도 용납되지 않는 일탈 행위이다.

한 가지 예를 더 들겠다. 2017년 말에 간행된 『내부에서 보는 창가학회와 공명당內側から見る 創価学会と公明堂』(디스커버휴서〔ディスカヴァー携書〕)에 「포스트 이케다 시대의 공명당 지원의 논리」라는 항목이 있다.

저자가 창가학회원이라고 하는데, '포스트 이케다 시대'라는 말을 쓴 것부터가 회헌이 정한 3대 회장의 의의에서 일탈한 것이다. 왜냐하면 3대 회장을 '광선유포의 영원한 스승'으로 자리매김하고 있는 회헌은 '창가학회의 현 체제와 이케다 회장 이후의 체제에는 그 어떤 단절도 없다'고 파악하는 입장을 취하고 있기 때문이다. 그에 반해 이 저자는 현 체제와 '포스트 이케다 시대' 체제에는 명확한 단절이 있다고 생각하는 입장이다. 그리고 '포스트 이케다'라는 발상 자체가 회헌을 부정하는 것이라고 나는 본다. 애당초 이 책을 읽어 보면 저자는 창가학회의 현 집행부에 대해 비판적이기 때문에 현 집행부가 제정한 회헌에 특별한 가치를 인정하지 않는 것이다.

우리 그리스도교도는 '포스트 예수 그리스도 시대'라는 것을 상상조차 할 수 없다. 마찬가지로 독실한 창가학회원에게는 '포스트 이케다 회장'이라는 말이 기묘하게 들릴 것이다. 이케다 회장은 '영원한 스승'이므로….

통일교회(세계평화통일가정연합=구 세계기독교통일신령협회)가 어째서 그리스도교 분파로 인정되지 않는가 하면 그들은 그리스도가 아니라 문선명 총재를 구세주(메시아)로 보기 때문이다. '포스트 이케다'

라는 말도 극단적으로 말하면 이와 똑같다. 이케다 회장을 '영원한 스승'으로 인정하지 않는 것과 같기 때문이다. 그리고 회헌과 현 집행부를 부정하는 내용의 저서, 하물며 상업 서적을 세상에 내놓는 것은 그 자체가 분파 활동으로 간주되어도 이상할 것이 없는 행위이다.

회헌 제정에 의해 3대 회장의 위치가 명확해졌기 때문에 '주어 문제'와 '포스트 이케다 시대'라는 발상이 창가학회의 기본선에 반하는 행위라는 것이 분명해진 것이다. 세계종교화를 목표로 회헌을 제정한 의의가 역설적으로 증명된 사례라고 하겠다.

'창가학회불'에 담긴 확신

회헌의 내용을 조금 더 살펴보겠다.

"말법의 본불 니치렌 대성인께서는 법화경의 중핵이시고, 근본법인 남묘호렌게쿄를 3대 비법으로 구현하셨으며, 미래 영원에 걸친 인류 구제의 법을 확립함과 동시에 세계 광선유포를 유명遺命으로 남기셨다.

초대 회장 마키구치 쓰네사부로 선생님과 불이의 제자인 제2대 회장 도다 조세이 선생님께서 1930년 11월 18일에 창가학회를 창립하셨다. 창가학회는 대성인의 유명인 세계 광선유포를 유일하게 실현해갈 불의불칙의 정통 교단이다. 니치렌 대성인의 광대한 자비를 명심하여 따르며, 말법 사바세계에 큰 법을 널리 퍼뜨리고 있는 것은 창가학회밖에는 없다. 그래서 도다 선생님께서 미래의 경전에 '창가학회불創價學會佛'이라 기록될 것이라고 단언하신 것이다."

(창가학회 공식 사이트)

이는 회헌 전문前文의 일부인데, 그야말로 창가학회의 세계종교화를 똑바로 직시한 구절이다.

도다 제2대 회장이 "미래의 경전에 '창가학회불'이라 기록될 것이라고 단언하신 것이다"라는 부분이 특히 인상적이다. 아직까지 창가학회가 국내에만 머물러 있던 시대에, 하물며 75만 세대 달성에 필사적으로 매달렸을 만큼 회원 수도 적었던 시대에, 도다 회장은 미래에 창가학회가 세계종교가 되리라 확신한 것이다.

그 굳은 확신의 토대에는 이 전문에 씌어 있는 바와 같이 "창가학회는 대성인의 유명인 세계 광선유포를 유일하게 실현해갈 불의불칙의 정통 교단이다"라는 확신이 있었던 것이다.

지금으로부터 약 500년 후에는 역사 교과서에 세계 3대 종교로 '창가학회, 그리스도교, 이슬람교'가 기재될 것이다…라는 미래 예측을 제1장으로 하였다. 이에 대해 '옻칠 방식'으로 한 번 더 설명하겠다.

현재 역사 교과서에서는 세계 3대 종교로 '그리스도교, 이슬람교, 불교'를 든다. 신도 수만으로 비교하면 불교가 약 5억 명, 힌두교가 약 11억 명으로 힌두교가 불교를 제치고 세계 제3위이다. 그럼에도 힌두교가 세계 3대 종교에 포함되지 않는 이유는 신도가 인도와 네팔에 거의 한정되어 있기 때문이다. 그래서 신도 수가 많더라도 '세계종교'라고 부를 수 없다.

즉 '세계종교'라고 불리기 위해서는 신도 수가 많아야 할 뿐 아니라 전 세계에 골고루 퍼져 있어야 한다. 그리스도교 신도 수는 약 24억 명, 이슬람교 신도 수는 약 18억 명이다. 이에 비해 불교는 신도 수가 상당히 적은데, 그렇다면 지리적 분포는 어떨까?

불교도가 많은 나라는 일본과 한국, 동남아시아이다. 요컨대 동아시아와 동남아시아, 즉 아시아에 한정된 종교로 바뀌고 있다. 하물며 발상지 인도에서는 이슬람교도에 의해 한 차례 토벌된 탓에 불교도가 극히 한정적으로만 남아 있다.

한편 그리스도교는 남북아메리카, 러시아, 유럽 각국에서 많이 믿고, 또 아프리카와 중동에도 꽤 많은 수의 신도가 있다. 이슬람교도 아프리카, 중동, 아시아에서는 필리핀의 민다나오섬 근처까지 퍼져 있다. 세계 최대 이슬람교국은 아는 바와 같이 인도네시아이다. 즉 그리스도교와 이슬람교는 모두 전 세계에 골고루 퍼져 있다. 이래야 세계종교라는 이름에 걸맞다고 할 수 있다.

그렇게 생각하였을 때 이제는 아시아 한정 종교가 되어버린 기성 불교 각파는 세계종교라고 하기에는 광범위하게 분포하지 못하고 있다.

"그렇게 말할 수도 있지만, 브라질에 정토진종 사찰이 있는 것처럼 아시아 이외의 각지에도 기성 불교 각파의 사찰이 있습니다"라고 말하는 사람도 있을 수 있다. 하지만 이들 사찰은 세계종교화를 위한 거점이라기보다 현지에 사는 일본인을 위한 사찰이다.

또 선종에 귀의하는 독일인이나 프랑스인처럼 자진해서 기성 불교 세계에 입문하는 구미인이 없는 것은 아니다. 하지만 이는 개인적인 귀의일 뿐 세계종교로서 확장되어가는 차원의 이야기가 아니다.

'일본인을 위한 종교'라는 틀을 넘어서 각국 사회에 녹아드는 형태로, 하물며 전 지구 규모로 불교를 포교하고 있는 단체는 창가학회 이외에는 없다.

이미 알고 있을지도 모르겠지만, 니치렌 대성인은 『현불미래기顯佛未来記』에서 인도에서 태어나 동쪽 끝 일본까지 전파된 불법佛法(=불법 동점)이 말법 시대에는 일본에서부터 '서쪽으로 돌아가는' 형태로 전 세계에 퍼져나갈 것이라고 예언하였다. 이를 '불법 서환'이라고 부른다.

불교 역사상에서 니치렌 대성인의 예언대로 '불법 서환'을 해낸 것은 이케다 회장 시대 이후의 창가학회밖에 없다. 또한 이 프로세스는 21세기 현재에도 그야말로 진행 중이다. 그리고 창가학회가 세계종교가 될 것이라고 도다 회장과 마키구치 회장도 예언하였고 실현을 확신하였다. 이것이 세계종교화를 내다본 회헌에도 담겨 있는 것을 보고 나는 감명하였다.

'이중 충성 문제'와 '만인 승려' 체제

회헌 11조에서는 SGI에 대해 규정하고 있는데, 그중에서 주목할 만한 조항으로 다음의 제4항을 들 수 있다.

> "4. SGI와 구성 단체 및 회원은 그 활동을 추진함에 있어서 각 국·지역의 법령을 준수하고, 또 수방비니의 정신에 입각하여 문화와 풍습을 존중한다."
> (앞의 출처와 같음)

이 조항에서 나오는 '수방비니'란 '불법의 본의에 위배되지 않는 한 각국·지역의 풍습과 습관, 시대 풍습을 존중하고 따라야 한다는 가르침'이다.

예를 들어 각국에 포교할 때 본존을 업신여기고 다른 종교의 본존에게 배례하는 것은 물론 안 되는 일이다. 하지만 각국 사회에 뿌리내리는 과정에서 그 나라의 종교 시설과 축제, 종교 행사에 초대받는 일은 당연히 있을 수 있다. 참배 등의 종교 행위를 하지 않는 한, 그곳에 발걸음을 하여 행사에 참가하는 것 자체는 '수방비니'의 범위 내에 들어간다. 그러지 않고는 각국 사회에 녹아들어갈 수 없다.

그리고 이 조항에서 중요한 것은 "각국·지역의 법령을 준수하고"라는 구절이다. 왜 중요한가 하면 세계종교화 과정에서 각국에서 심각한 문제가 될 수 있는 것이 '이중 충성' 문제이기 때문이다.

예를 들어 일본에서 타국으로 이주하여 그 나라에 뼈를 묻을 각오로 힘쓰고 있는 창가학회 멤버가 많다. 이들은 업무 관계 등에 의해 '지금 살고 있는 나라 또는 그곳에 사는 민족에 충성을 맹세하여야 하는가? 그렇지 않으면 창가학회에 충성을 맹세하여야 하는가?' 하고 갈림길에 서게 될 일이 반드시 생긴다. 이러한 딜레마를 '이중 충성' 문제라고 한다.

이런 경우에 문제 해결 기준이 되도록 "활동을 추진함에 있어서 각국·지역의 법령을 준수하고"라고 정한 것이다. 즉 '세속적인 문제에 있어서는 각국의 제도를 우선하라'라는 '법령 준수 의무'를 둔 것이다. 다만 신앙의 근간과 관련되는 문제에서 양자택일을 하여야 할 경우에는 신앙을 우선하여도 된다. 이 기준만 확실하면 '어느 쪽을 선택하여야 하나?' 하고 고민할 필요가 없다.

동일한 기준을 가톨릭교회도 과거에 온갖 고생을 한 끝에 정하였다. 이중 충성 문제를 해결할 이와 같은 기준이 제대로 정비되어 있는 것 또한 사실 세계종교의 특징 중의 하나이다.

그리고 회헌 제13조에는 다음과 같은 규정이 있다.

"제13조. 이 학회에 의식 행사를 집행하고, 회원을 지도하고, 세계 광선유포를 추진할 임무를 맡을 규범 리더로서 교사 및 준교사를 둔다.

2. 교사 및 준교사는 신앙 경전, 인품, 식견, 지도력, 교학력이 모두 뛰어난 회원 중에서 회장이 임명한다.

3. 교사 및 준교사의 임기와 그 외 필요 사항은 본 조항에 정해져 있는 것과 그 외에 SGI 규약에 정해져 있는 바에 따른다.”

(앞의 출처와 같음)

이 규정은 프로테스탄트 교회의 규정과 대단히 흡사하다.

앞에서도 언급하였지만, 프로테스탄트는 '만인사제설' 입장을 취하기 때문에 성직자가 존재하지 않는다. 목사는 성직자가 아니라 '교직자'라 불린다.

그리고 목사로 일하기 위해서는 당연히 일정한 훈련과 경험이 반드시 필요하기 때문에 이를 위한 견습 기간이 정해져 있다. 견습 중인 '햇병아리 목사'를 보교사 또는 전도사라고 부른다. 그리고 정식으로 목사가 되면 '교사'라고 부른다. 창가학회가 회헌에서 '교사 및 준교사'라는 역할을 둔 것과도 무척 비슷하다.

창가학회는 승려라는 성직자를 필요로 하지 않는 '만인 승려' 교단이므로 '교사 및 준교사'는 성직자가 아니다. 이는 그야말로 프로테스탄트의 '성직자'와 같은 존재이다.

한편 가톨릭과 정교에는 성직자가 있고, 사제와는 다른 준교사적 지위의 성직자로서 '보제' 혹은 '조제'라는 역할이 있다.

이와 같이 이단 구조로 교사 제도를 만들어가는 것도 세계종교의 특징 중의 하나이다. 창가학회의 '교사 및 준교사'는 필시 이를 염두에 둔 것이 아닐까?

창가학회의 평화주의가 진짜인 이유 하나

회헌에서 중요한 조항을 하나 더 들자면 창가학회의 '목적' 자체를 정한 제4조를 들 수 있다. 제4조에는 다음과 같이 적혀 있다.

> "제4조. 이 학회는 니치렌 대성인 불법佛法의 본의에 기초하여 포교 및 의식 행사를 하고, 회원의 신심을 심화·확립함으로써 각 개인이 인간혁명을 성취함과 동시에 니치렌 대성인의 불법을 세계에 광선유포하고, 그리고 이를 기조로 하는 세계 평화 실현 및 인류 문화 향상에 공헌하는 것을 목적으로 한다."
>
> (앞의 출처와 같음)

인간혁명과 광선유포, 그리고 이를 통한 '세계 평화 실현'. 그야말로 창가학회의 가장 중요한 근간이 이 조항에 응축되어 있다.

나는 여태껏 '창가학회의 평화주의는 진짜다'라고 반복해서 썼고 또 기회가 있을 때마다 말하였다.

'진짜'란 단순히 이상론으로서 평화주의를 표방하는 게 아니라 현실 속에서 평화를 실현하고자 진지하게 궁구하는 것, 그리고 실제로 창가학회의 존재와 행동이 세계 평화와 아시아 평화, 일본 평화에 기여하였음을 말한다.

나의 저서 중에 『창가학회와 평화주의創価学会と平和主義』(아사히신서〔朝日新書〕)라는 저서도 있으므로 자세한 내용은 해당 서적을 참고

하길 바라며, 여기에서는 '창가학회의 평화주의는 진짜다'라고 느낀 실제 경험 하나만 말하겠다.

몇 년인가 전에 나는 홋카이도 이시카리시 아쓰타구(구 아쓰타촌)의 '도다 기념 묘지 공원(통칭 아쓰타 묘원)'에 갔다. 일 년에 한 번 개최되는 아쓰타 묘원의 벚꽃 놀이 행사에 맞추어 묘원 내 강당에서 강연하기 위해서였다.

그 강연 전에 묘원을 안내받았는데, 많은 무덤 중에서 '하라지마 가문', '야마자키 가문'이라고 새겨진 무덤을 발견하였다. 안내해준 사람에게 "이건 하라지마 다카시原島嵩 씨와 야마자키 마사토모山崎正友 씨 집안의 무덤인가요?"라고 묻자, "네, 맞아요"라고 대답하였다. 두 사람 모두 반역하고 창가학회를 적대시하는 입장에 섰던 전 간부 출신 인물이다. 나는 "그런 사람들 무덤도 철거하거나 가리지 않고 그대로 두었군요. 이런 점에서 학회는 도량이 큰 것 같습니다"라고 말하였다. 그러자 안내인은 "철거하거나 가려야겠다고 생각해본 적 자체가 없어요"라며 놀란 듯 대답하였다.

나는 이런 부분에서도 창가학회의 평화주의가 단적으로 드러난다고 생각한다. 설령 탈퇴한 반역자의 무덤이라도 폭력적인 방법으로 배척할 생각은 처음부터 아예 하지 않는 것이다.

한 가지 예를 더 들면 창가학회와 일련정종 종문의 다툼이 한때 그토록 치열하였지만, 양측 사이에서는 폭력에 의해 사망한 사람이 한 명도 나오지 않았다.

이는 사실 획기적인 일이다. 그도 그럴 것이 일본 정치 운동 역사를 되돌아보면 신좌익의 폭력 항쟁에 의한 사망자와 우익의 내분에 의한 사망자는 무수히 나왔기 때문이다.

이처럼 사상적 대립이 격화된 끝에 서로 죽고 죽이게 되는 일은 세상에서 흔한 일이다. 정치 운동뿐 아니라 종교 세계에서도 유럽 그리스도교 종교 전쟁을 비롯하여 일일이 사례를 다 열거할 수 없을 정도이다.

하지만 창가학회와 종문은, 특히 제2차 종문 사건 후 몇 년 동안은 격렬하게 대립하였음에도 기본적으로는 언론 투쟁의 테두리 안에 머물렀다. 이는 종교 대립 사례로서는 지극히 이례적인 경우이다.

그리고 종문과 다투면서도 사망자가 한 명도 나오지 않은 것은 전적으로 창가학회의 평화주의의 힘 덕분이다. 왜냐하면 종문에서는 법주가 수행승을 때리거나, 승려와 수행승이 동자승을 때리는 사례가 많은 등 폭력적인 성향이 관찰되기 때문이다.

하지만 창가학회는 그러한 폭력적인 종문과 대치하면서도 그들의 폭력성을 무력화하는 힘을 발휘하였다. 진정한 평화주의에는 이처럼 상대를 변모시키고 폭력성을 진정시키는 힘이 있다.

제 4 장
세계종교는 사회와 어떻게 조화를 이뤄야 할까?

창가학회와 희망의 원리

"이케다 다이사쿠 제3대 회장의 저작은 방대하므로 전부 독파하라고 하면 힘들겠지만, 급소가 되는 중요한 저작은 역시 읽어두길 바란다"고 소카대학교 대학생 여러분에게 말하고 싶다.

이케다 회장은 국내외 대학교에서도 많은 강연을 하였는데, 그중에서 여러분이 필독하여야 하는 것은 여명기 소카대학교에서 진행된 몇몇 강연이다.

나는 얼마 전에 월간『우시오』에서「새로운 시대로의 창조 -『이케다 다이사쿠의 대학 강연』해설新時代への創造 -『池田大作 大学講演』を読み解く」이라는 주제로 연재를 하였다. 이는 이케다 회장이 해외 대학교와 학술기관에서 진행한 강연 11개와 소카대학교에서 한 강연 4개, 총 15개의 강연을 자세하게 해석하는 내용이다.『이케다 다이사쿠의 대학 강연 해설』이라는 책으로 통합해 정리하였으므로 꼭 읽어보길 바란다.

이 책에서 다룬 소카대학교에서 진행한 강연 4개가 필독하길 권장하는 중요 강연이다. 구체적으로는 1973년의 〈창조적인 인간이 되어라〉와 〈스콜라 철학과 현대 문명〉, 1974년의 〈창조적 생명의 개화를〉, 그리고 1981년의 〈역사와 인물 고찰 - 박해와 인생〉의 네 강연이다. 그중에서 〈스콜라 철학과 현대 문명〉에 대해서는 제2장에서 다루었다.

또 〈창조적 인간이 되어라〉는 이케다 회장이 소카대학교에서 한 첫 번째 강연이기도 해서 그런 의미에서도 무척 중요하다. 1973년

4월 9일 소카대학교 제3회 입학식을 맞이하여 이루어진 강연이다.

왜 제1회 입학식이 아니라 제3회 입학식이었을까? 소카대학교는 창가학회와 밀접한 관계에 있다고는 하나, 종교 대학교가 아니라 일반 종합대학교이다. 그렇기 때문에 제1회와 제2회 입학식 때는 이케다 회장 본인이 직접 전면에 나서길 자제하였던 것이 아닐까?

이 〈창조적인 인간이 되어라〉는 창립자가 처음으로 학생 앞에서 한 강연이어서 소카대학교의 '건학 정신'에 대해 진솔하게 말하였다. 이 강연에서 이케다 회장은 다음과 같이 말하였다.

> "말할 것도 없이 소카대학교는 여러분의 대학교입니다. 동시에 이는 사회에서 분리된 상아탑이 아니라 새로운 역사를 여는, 무한한 미래성을 내포한 인류의 희망탑이어야 합니다. 이에 입각하여 인류를 위해서, 사회 구성원을 위해서, 이름 없는 서민의 행복을 위해서 무엇을 하여야 하는가, 무엇을 할 수 있을까라는 그 한 가지 점에 대한 사색과 노력만큼은 영원히 잊어서는 안 된다는 말을 남기고 싶습니다."
>
> (『창립자의 말 I 』, 소카대학교학생자치회, 1995년, 47쪽)

건학 정신은 어느 대학에서나 중요하다. 예를 들어 와세다대학교는 창립 당초부터 '재야 정신'을 건학 정신으로 내걸었다. 도쿄대학교와 교토대학교가 관료 양성을 하나의 사명으로 하는 것과 달리, 와세다대학교에서는 재야에서 활동할 인재 양성을 목표로 한다.

또 게이오기주쿠대학교는 창립자 후쿠자와 유키치福澤諭吉의 사상을 반영하여 '독립'과 '실학' 정신을 중시한다. 도시샤대학교의 경우에는 창립자 니지마 조新島襄가 '양심'과 '자유'를 건학 정신으로 삼았다. 각 대학교의 건학 이념은 현재에 이르기까지 각 대학교의 특징과 밀접하게 연관되어왔다.

그렇다면 소카대학교는 어떠할까? 앞서 인용한 이케다 회장의 말에 창립자의 마음과 건학 정신이 분명하게 나타나 있다. 제일 먼저 '인류의 희망탑'이 되라는 것. '희망'에 무게를 두고 있는 것이다.

또 이어서 "인류를 위해서, 사회 구성원을 위해서, 이름 없는 서민의 행복을 위해서 무엇을 하여야 하는가"라는 말은 소카대학교가 서민을 흘겨보는 엘리트를 육성하기 위한 대학이 아님을, 또 사리사욕과 입신출세를 위한 대학이 아님을 나타낸다. 이케다 회장이 한 유명한 말 중에 "대학은 대학에 갈 수 없었던 사람들을 위해서 존재한다"라는 것이 있는데, 그야말로 경제적 어려움 등의 여러 가지로 이유로 대학에 갈 수 없었던 이름 없는 서민을 위해서 힘쓸 것이 소카대학생에게 요구된다.

특히 창립 초반 단계에서 창립자가 '희망'을 대대적으로 표방한 것이 소카대학교의 눈에 띄는 특징이 되었다.

사실 그리스도교에서도 '희망'은 열쇠가 되는 중요한 개념이다. 그리스도교에서는 '희망'이 어떤 성질을 가지고 있을까? 이를 상징하는 『신약성서』의 한 구절이 있다.

"환난은 인내를 낳고, 인내는 숙달을 낳고, 숙달은 희망을 낳는다."

「로마 신자들에게 보낸 서간」이라는 문서에 나오는 구절이다. '환난'은 성서에 등장하는 독특한 단어인데, 일반적인 말로 바꾸면 '고난'이다.

이 구절에서 볼 수 있는 것처럼 그리스도교에서는 고난에 견디는 것과 희망은 세트를 이룬다. '희망을 가진 사람은 고난을 극복할 수 있다. 또 현실의 고난을 견디면 그것이 장래의 구원이 된다'는 사고방식이 그리스도교 희망관의 특징이다.

이와 같이 생각하는 이유는 그리스도교도에게는 '예수 그리스도가 부활할 때 그리스도교도는 구원받는다'는 확신이 희망의 근원이기 때문이다.

진정한 신이자 진정한 사람이기도 한 예수가 과거에 한 번 지상에 내려왔다. 그로써 그리스도교도의 구원은 이미 담보되었다. 그러므로 언젠가 반드시 구원된다. 지금은 이를 위한 과정에 불과하므로 어떤 고난이 닥치더라도 한탄할 필요가 없다…. 이와 같은 사고방식이 그리스도교도에게는 희망이다.

이 같은 그리스도교의 희망관은 창가학회의 그것과 무척 닮았다. 학회원 여러분은 니치렌 대성인의 어서御書에 나오는 "겨울은 반드시 봄이 된다"는 구절을 희망을 담은 말로서 종종 인용한다. 인생길에서 어떠한 고난을 만나더라도 마지막에는 반드시 인간혁명을 이룰 수 있고, 일생 동안에 반드시 성불할 수 있다. 즉 마지막에는 반드시 봄이 온다. 그러한 확신이 학회원에게 희망의 원리가 되고 있다.

또 우리 그리스도교도가 그리스도의 재림과 그에 의한 구원을 확신하는 것과 같이, 창가학회가 전 세계로 퍼져나가서 평화롭고 행복한 세계가 도래할 것을 학회원 여러분은 확신한다. 둘은 소위 '희망 선취 원리'라는 점에서 동일하다.

그리고 우리에게 예수가 희망의 광원인 것처럼 창가학회 여러분에게는 '고난에 견디며 애쓸 때 다른 그 누가 보지 않더라도 이케다 선생님께서는 지켜봐주신다'는 것이 희망의 원리이다.

나는 '창가학회와 희망의 원리'는 좋은 학술 논문 주제가 될 것이라고 생각한다.

이슬람 원리주의 테러의 내재적 논리

앞으로 학회원은 다른 세계종교에 대해서도 자세하게 배워 그 내재적 논리를 알아두어야 한다고 제2장에서 말하였다. 이와 관련하여 말하자면 빈번하게 발생하는 이슬람 원리주의 테러가 어떠한 내재적 논리에 의하여 이루어지는가를 배우는 것도 중요한 과제이다.

왜냐하면 '회헌'을 봐도 알 수 있는 바와 같이 세계 평화를 추진하는 것이야말로 창가학회가 세계종교화를 지향하는 큰 목적이므로 세계 평화를 위협하는 테러에 대해서도 알 필요가 있다. 물론 테러 세력과 직접 대결하라는 것은 아니다. 테러를 줄이기 위해 무엇을 할 수 있을까를 생각하고 그것을 위한 행동을 하는 것이 창가학회에 중요한 과제가 될 것이다.

이슬람 원리주의 입장에서 테러 활동을 하는 것은 예를 들면 IS(이슬람국가)이고 알카에다이다. 온건한 이슬람 국가와 이슬람교 지도자들은 "IS처럼 테러를 자행하는 자들은 제대로 된 이슬람교도가 아니다"라고 주장한다. 물론 극히 일부 이슬람 원리주의자가 테러를 한다고 하여 세계 18억 명 이슬람교도를 싸잡아서 위험한 존재로 보는 것은 피하여야 하겠다.

하지만 다른 한편으로는 왜 이슬람교에서만 종교 테러 세력이 생겨나는가에 대한 합리적인 이유도 알아둘 필요가 있다.

그러면 이하에서 간단하게 포인트를 파악해보겠다.

이슬람교도가 다수파이자 주류파인 '수니파'와 소수파인 '시아파'로 크게 나뉜다는 것은 여러분도 알 것이다.

수니파는 '샤리아(이슬람법)'의 해석에 따라서 다시 네 개의 법학파로 분류된다. 터키에 많은 '하나피파', 이집트·튀니지·리비아에 많은 '말리키파', 인도네시아와 러시아의 북코카서스에 많은 '샤피파', 그리고 아라비아반도에 많은 '한발리 법학파'의 네 개다.

이 중에서 앞의 세 개는 특별히 기억하지 않아도 된다. 여러분이 확실하게 기억하여야 하는 것은 네 번째 한발리 법학파이다. 왜냐하면 테러를 반복하는 이슬람 과격파의 태반, 대략 95% 이상이 이 한발리 법학파에서 생겨났기 때문이다.

　반대로 말해 다른 세 가지 법학파는 각국의 시민사회와 원만하게 융합하는 온건 이슬람이다.

　한발리 법학파의 사상은 이슬람 원리주의 그 자체이다. 그들은 『코란』과 『하디스』에 이 세상의 모든 것이 적혀 있다고 여기기 때문에 그 이외를 법원(올바름의 기준)으로 인정하지 않는다. 그리고 '세상이 가장 올발랐던 것은 예언자 무함마드가 살았던 6세기 무렵이며, 그로부터 시대가 흐를수록 점점 나빠진다'고 생각한다. 그래서 때로는 폭력을 써서라도 세계를 6세기 무렵의 올바른 상태로 되돌리려고 한다.

　그리고 한발리 법학파 중에서도 유난히 급진적인 그룹이 '와하비파'이다. 사우디아라비아의 국교이기도 한다.

　'와하비파'란 이븐 압드 알와하브라는 종교지도자가 18세기 중반에 이끈 이슬람교 개혁 운동을 추종한 사람들을 지칭하는 명칭이다. 즉 그들이 스스로 붙인 이름이 아니다.

　IS도 알카에다도 이 와하비파에서 생겨난 세력이다. IS는 같은 이슬람교의 다른 종파도 가차 없이 공격하고 '여성을 노예로 삼아도 상관없다'는 등의 끔찍한 주장을 하는데, 이 또한 와하비파의 해석에서 나온 것이다.

　이와 같이 한발리 법학파, 특히 와하비파에서 현대 국제 테러리즘의 큰 조류가 생겨나고 있다. 그렇다 보니 "본래 이슬람교는 평화적인 종교다"라고 말한들 별 의미가 없다. 한발리 법학파와 같은 원리주의적인 집단도 이슬람교의 일부임에 틀림없기 때문이다.

　미국을 동시다발로 공격한 9·11 테러 사건을 일으킨 알카에다의 지도자 오사마 빈라덴은 곧잘 아프가니스탄의 동굴 앞에서 성명을 발표하였다. 동굴 앞을 선택한 이유는 예언자 무함마드가 히라산 (사우디아라비아의 메카 인근에 있는 산) 동굴에서 신으로부터 첫 번째 계시를 받았기 때문이다. 즉 성명 발표를 촬영할 장소 선택에도 그들의 원리주의적인 사고방식이 반영된 것이다.

　최근에 수니파의 네 법학파 중에서 가장 과격한 한발리 법학파가 세력을 붙이며 증가하는 추세를 보이고 있다. 그 요인 중의 하나는 네 법학파가 상당히 활발하게 상호 교류를 하는 것에서 유래한다.

　일본 불교 계열 대학의 경우에는 종파별로 나누어져 있다. 예를 들어 붓쿄대학교는 정토종, 오타니대학교는 정토진종 오타니파, 류코쿠대학교는 정토진종 니시혼간지파, 고마자와대학교는 임제종…. 따라서 적어도 대학교 내에서는 종파를 넘은 교류가 거의 이루어지지 않는다.

　그에 반해 이슬람 법학원은 종파별로 나누어져 있지 않다. 모스크 부속 신학교에는 반드시 네 학파의 선생님이 모두 있다. 따라서 학교 내에서 네 학파의 상호 왕래가 왕성하게 이루어진다.

　그러면 어떻게 될까? 이슬람 세계에 무언가 큰 사건이 벌어져 동요하게 될 경우, 온건 학파에서 학문하던 학생이 과격한 한발리 법학파 쪽으로 붙으면서 전체적으로 원리주의적 경향이 강해진다.

　하물며 이슬람교는 세계종교여서 세계적인 네트워크를 가지고 있기 때문에 과격한 사상에 물든 자들끼리 국경을 넘어서 밀착하기 용이하다. 알카에다와 IS가 세계적으로 급격하게 늘어난 배경에는 이와 같은 사정이 있다.

이러한 배경을 아는 것도 현 국제사회를 살아가는 데 필요한 중요한 지식이다. 하지만 내가 보았을 때 구미 국제정치의 최전선에 있는 사람들조차 이슬람교에 대한 기초적인 지식이 부족하다고 느껴지는 경우가 적지 않다.

예를 들어 2011년에 미 중앙정보국 CIA와 미 해군 특수부대가 오사마 빈라덴의 은둔처를 습격하여 그를 암살하였을 때를 기억하는 학생도 있을 것이다. 사건 이면은 할리우드에서 《제로 다크 서티 Zero Dark Thirty》라는 제목으로 영화화되었다.

그때 미국 측은 사살한 빈라덴의 시신을 '수장'하는 형태로 바다에 던져 넣었다. 미 정부는 그 이유에 대해 "빈라덴의 무덤을 만들면 그곳이 테러리스트들의 성지가 된다. 이를 방지하기 위함이다"라고 설명하였다.

하지만 빈라덴과 그의 휘하가 속한 한발리 법학파는 교의 해석상 무덤에 일절 가치를 두지 않고 성인도 인정하지 않는다. 따라서 테러리스트가 빈라덴의 무덤을 만들고 그곳을 성지로 만드는 것은 애당초 있을 수 없는 일이다. 이는 종교 전문가에게는 기본적인 지식이지만, 의외로 미 정부 당국은 그런 것을 몰랐다.

미국은 2001년 9월에 동시다발 테러가 일어난 이후 줄곧 '테러와의 전쟁'을 해왔지만, 전쟁 상대의 내재적 논리를 충분히 알고 있지 않았다.

'악에서 눈을 돌리는 국가'의 무서움

이슬람 원리주의 테러리스트들은 애당초 테러를 나쁜 짓이라고 생각하지 않는다. 오히려 이슬람교도의 의무 중 하나인 '지하드'로 본다.

지하드는 일본에서는 일반적으로 '성전'이라고 번역하는데, 엄밀하게는 '신앙을 위해 분투하고 노력하는 것'을 의미한다. 그러니까 나쁜 행위가 아니라 '이슬람교도로서 애써 마땅한 것'으로 여기며 테러를 자행한다. '지하드에 참가하면 천국에 갈 수 있다. 영원히 살 수 있다'고 믿고 스스로 자진하여 자폭 테러 등에 참가하는 것이다.

이와 같이 악의 개념이라는 것은 믿는 종교와 사상에 따라서 크게 달라진다. 어느 쪽이 좋고 어느 쪽이 나쁘다고 일률적으로 말할 수는 없지만, 이슬람교에 비해 그리스도교는 자신 내부의 악에 민감하다. 제2장에서도 이야기하였지만, 그리스도교는 성악설과 흡사한 종교이고, 이는 모든 사람이 '원죄'를 짊어지고 태어난다고 생각하기 때문이다.

짊어진 원죄가 현실 속에서 구체적인 형태를 취할 때 악이 된다. 그래서 악의 씨앗이 인간 내부에 늘 있다고 여긴다.

엄밀하게 말하자면 가톨릭에서는 그리스도를 낳은 마리아만 '원죄를 짊어지지 않은 사람'으로 본다. '마리아 비원죄 승천'이라고 불리는 교의로, 1950년대에 당시 로마 교황이 인정하고 교의화하였다.

좌우간 그리스도교는 성악설로 인간을 파악하기 때문에 '인간은 내버려두면 악을 행하는 존재이므로 악을 행하지 못하도록 하기 위한 체크 기능을 마련해둘 필요가 있다'라는 전제하에 사회를 구축하였다.

예를 들어 국가 권력을 사법권과 입법권과 행정권으로 나누어 분립시켜야 한다는 발상도 그 근저에는 그리스도교의 성악설이 있다. 국가에 대한 체크 메커니즘을 만들어두지 않으면 권력자가 결탁하여 악행을 행할 것이라고 생각하였기 때문에 권력을 나누어놓은 것이다.

가톨릭에서는 신부가 아내를 두는 것을 인정하지 않는다. 왜냐하면 이 역시 본래는 '악을 행하지 못하도록 하기 위한 체크 기능' 중의 하나였기 때문이다. 교회는 권력과 재산을 가지고 있어서 아내와 자식이 있으면 그것을 자기 자식에게 물려주고 싶은 욕망이 인간에게 당연히 생긴다. 이를 방지하기 위한 구조로서 독신제를 채택한 것이다.

중국과 오스만 제국에서 '환관'을 거세시켜서 자식을 낳을 수 없는 몸으로 만드는 것 또한 본질적으로는 동일하다. 환관은 재력과 권력을 모두 가졌지만 이를 자기 자식에게 물려줄 수 없도록 구조적으로 막은 것이다. 가톨릭교회에서는 거세 제도를 취하지 않은 대신에 독신제라는 장치를 마련한 것이다.

그리스도교와는 대조적으로 구소련은 성선설을 전제로 조직된 국가였다. 왜냐하면 공산주의라는 이상하에 만들어진 국가이기 때문이다.

자본주의 국가는 자본가와 노동자가 있고, 억압하는 자와 억압당하는 자의 숨 막히는 관계로 가득하다. 하지만 '소련에는 계급 억압 등의 악이 없다. 완벽하게 평등한 이상 국가이다'라는 것이 전제였기 때문에 실제로는 악이 들끓어도 없는 것으로 치부되었다. 즉 인간이 짓는 악행에서 눈을 돌리는 일이 일상적으로 일어나는 국가였다.

그 결과 구소련은 그와 같은 비밀경찰과 수용소 열도의 국가 - '반혁명 분자'로 간주된 인간은 차례로 강제수용소에 감금되고 당 간부만 사리사욕을 채우는 국가 - 가 된 것이다. 인간의 악을 직시하지 않는 국가 체제는 무시무시한 것이다.

공산주의는 세계적으로 보면 현격히 퇴조했지만, 그래도 여러분은 공산주의의 내재적 논리에 대해 공부해둘 필요가 있다. 왜냐하면 일본에도 일본 공산당이 엄연히 존재하고, 창가학회와 종종 대립하기 때문이다. '적을 안다'는 측면에서도 그 사람들의 사고방식과 세계관을 알아두어야 한다.

'악을 직시하지 않는 국가 체제'에 대해 말하자면 제2차 세계대전 이전의 일본도 그러하였다. '일본은 천황을 중심으로 하는 신의 나라이기 때문에 이 나라에는 악이 없다'는 사고방식에 기반하여 국가 체제를 재편하고 전쟁에 나섰다.

그래서 중국을 침략하고 한반도를 식민지로 지배하면서도 스스로를 침략자로 의식하지 못하였고 악을 행한다는 의식도 없었다. 오히려 '구미 열도에 지배받던 식민지를 우리가 해방시켰다'는 거만한 의식으로 침략을 자행하였다.

악을 직시하지 않는 국가 체제가 폭주하면 이와 같은 무서운 일이 벌어진다. 하물며 이것이 종교와 결부 - 전전戰前의 일본의 경우에는 국가 신도 - 되기 때문에 더욱 폭주하는 것이다. 이러한 전시 체제 중에 국가의 악을 정면으로 직시한 것이 마키구치 쓰네사부로 회장과 도다 조세이 제2대 회장이었다.

구소련의 경우에도 토인비가 공산주의를 일종의 종교로 파악한 것처럼 어떤 의미에서 종교 국가였다. '종교와 악'은 여러분에게 무척 중요한, 앞으로 깊이 생각해볼 가치가 있는 주제이다.

세계종교는 정치와 분리될 수 없다

종교가 국가와 결합하여 폭주한 끝에 국가가 한 차례 멸망하였던 것이 전전戰前과 전중戰中의 일본이다. 그리고 전후에 GHQ(연합국군 최고사령관 총사령부)는 일본의 국가 신도 체제를 해체하고 일본에 '종교의 자유'를 가져왔다.

이러한 경험을 하였기 때문에 전후 일본인에게는 '종교와 정치가 결탁하는 것'에 대한 강한 알레르기 반응이 있다. "창가학회는 종교

단체이면서 정치 활동을 하는 걸 보니 수상해. 종교는 정치에 참견하지 마!"라는 편견이 뿌리 깊은 이유 중의 하나이다.

또한 불교가 막부의 권력 구조에 편입되었던 에도 시대(1603~1867년-역자 주)의 '단가 제도(사찰이 신도 집안의 제사와 장례를 독점적으로 거행할 것을 조건으로 맺는 사찰과 신도 집안의 관계로, 에도 막부의 종교 통제 정책에서 생겨난 제도-역자 주)'로 상징되는 바와 같이 역사상 일본에서는 일부의 예외를 제외하고 종교는 시대의 정치권력에 예속되는 존재였다. 불교 신도가 국가 권력의 앞잡이가 되어 소동을 진압하고 호국하기 위해 기도하는 것이 오히려 보통이었다.

이러한 오랜 세월의 축적이 있기 때문에 가치관을 공유하는 독자적 정당이 있는 창가학회는 일본에서 눈에 띄는 존재이고 색안경을 끼고 보기 쉽다.

헌법의 정교政敎분리 원칙에 대한 오해가 뿌리 깊은 것도 그러한 배경이 있기 때문이다. 어떤 오해인가? 애당초 헌법에 정해진 정교분리는 국가가 '주어'이다. 국가가 특정 종교를 우대하거나 기피하는 것을 금지하는 원칙이며, 종교 단체가 자신의 가치관에 기반하여 특정 정당과 정치가를 지지하는 것을 금하는 것이 아니다. 그런데 일본에서는 이를 '종교 단체의 정치 활동을 금하는 원칙'으로 오해하는 사람이 적지 않다.

또 '종교 단체의 정치 활동 자체는 금지가 아니지만, 종교 정당이 여당이 되면 정교분리 원칙에 반한다. 따라서 공명당이 여당이 되는 것은 헌법 위반이다'라고 생각하는 사람도 아직까지 많다.

공명당이 처음으로 여당이 된 것은 1993년에 호소카와 모리히로 細川護熙 연립정권에 참여하였을 때인데, 이때도 "공명당의 여당이 된 것은 헌법 위반이다"라는 비판이 일부에서 나왔다. 비판에 대하여 국회에서 내각 법제국 장관이 "공명당이 정권에 든 것은 헌법 위반에 해당하지 않는다"는 취지의 답변을 하고 수습에 나섰지만, 아직까지도 동종의 어긋난 비판이 인터넷상 등에서 자주 보인다. 독일에서는 종교 정권인 기독교민주연합CDU이 여러 해 동안 여당의 자리에 있지만, 이를 두고 "정교분리 원칙에 반한다"고 하는 사람은 없다. 요컨대 정교분리에 대한 곡해에서 비롯된 비판이다.

하지만 "종교는 정치에 참견하지 마!"라는 부류의 비판을 일본에서만 하는 것은 아니다. 예를 들어 미국에서 공민권 운동이 일어났을 때 운동을 이끈 사람이 마틴 루터 킹 목사인데, 그는 일부 그리스도교 성직자 등으로부터 비판을 받았다. "종교인은 사람들의 영혼 구제에 전념하여야 하며 세속적 정치 운동에 관여하여서는 안 된다"는 비판이었다. 요컨대 세상에는 '종교인은 정치에 관여하여서는 안 된다'고 생각하는 사람이 일정 수 존재한다고 하겠다.

나는 물론 그와 같이 생각하지 않는다. 오히려 종교인이 정치에 관여하는 것은 당연한 일이라고 생각한다.

나는 종교라는 것은 크게 둘로 나뉜다고 생각한다. 하나는 '그 사람 인생의 극히 일부에 불과한 종교'이고, 다른 하나는 '그 사람 인생의 근간을 이루는 종교'이다.

전자는 예를 들어 무언가 고민이 있을 때만 보시금을 들고 가서

기도하거나 일 년에 한 번 정월 초하루에만 기도하는 등 '필요할 때만 접촉하는 형태'의 종교이다.

한편 '그 사람 인생의 근간을 이루는 종교'인 후자는 일상생활 전부와 인생 전부가 그 종교의 사상과 철학으로 규정된다. 따라서 인생에서 정치 영역만 제외할 수는 없으므로 그러한 종교의 경우에 신도는 모종의 형태로 정치에도 관여하게 된다.

말할 것도 없이 창가학회는 후자의 종교이다. 독실한 회원은 인생 전부가 창가 철학에 뿌리내려져 있다. 그런 의미에서 공명당을 통한 정치 참여는 학회원에게는 지극히 자연스러운 일이다.

그리고 세계종교는 예외 없이 '그 사람 인생의 근간을 이루는 종교'이다. 왜냐하면 '인생의 극히 일부에 불과한 종교'에는 애당초 세계종교가 될 힘이 없기 때문이다.

제1장에서 세계종교의 3대 조건 중의 하나로 '여당화'를 들었다. 세계종교는 '그 사람 인생의 근간을 이루는 종교'이기 때문에 필연적으로 인생에서 빼놓을 수 없는 일부인 정치에도 관여할 수밖에 없다. 특히 정당 중에서도 사회를 바꿀 강한 힘을 가진 여당과 결부되어 정치에 관여하는 것이 세계종교에서는 자연스러운 흐름이다.

사회를 바꾸는 힘이 되어야 종교라고 할 수 있다

'종교는 정치에 참견하여서는 안 된다'고 생각하는 사람 중에는 종교를 현실 생활에서 분리된 '성스러운 것'으로 파악하는 사람이 많다. 그 사람에게 종교는 '성스러운 것'이고, 반대로 정치는 '속된 것'이다. 따라서 양자는 양립 불가능하다고 생각한다.

하지만 창가학회 사람들은 그와 같이 생각하지 못한다. 왜냐하면 창가학회는 철저하게 '차안(이 세상)성'을 중시하는 종교이고, '눈앞의 현실과 사회를 좋은 방향으로 바꾸는 힘이 되어야 진정한 종교'라고 생각하기 때문이다.

반대로 '종교는 정치에 참견하여서는 안 된다'고 생각하는 사람에게 종교는 '피안(저세상)성' 쪽으로 기울어져 있다. 현실과 분리된 곳에서 '마음의 구제와 안락'을 얻는 것이 종교의 역할이라고 생각하는 듯하다. 여기에 종교관의 결정적인 차이가 있다.

창가학회를 '이익 종교'라고 부르고, '현실 이익만 추구하는 종교는 저급하다'며 깔보고, 공명당이 계속 여권으로 집권하려는 이유는 창가학회가 추구하는 '현세 이익'을 이루려는 데 있다고 말하는 사람을 곧잘 본다.

창가학회는 결코 '현세 이익'만 추구하지 않지만 현세 이익, 즉 종교가 현실을 바꿀 힘이 되는 것을 중시하는 것은 사실이다. 하지만 그것이 왜 나쁜가? 현실을 바꿀 힘이 되지 않는, 내면적 평온밖에 가져다주지 않는 종교 쪽이 종교로서의 힘이 부족한 것 아닐까? 또 공명당이 여권으로 계속 집권하려는 것은 창가학회원에게 이득을 주려는 편향적인 생각에서가 아니라 일본의 평화와 민중의 행복을 위해 여당의 일각으로서 영향력을 행사하기 위해서라고 나는 본다.

종교인으로서 '미국 역사상 노예 해방 이후의 최대 사회 개혁'으로 불린 공민권 운동을 이끈 마틴 루터 킹도, 영국으로부터 인도 독립을 이끌어낸 마하트마 간디도 똑같이 생각하였을 것이다. '현실을 바꾸고 사회를 바꾸는 힘이 되어야 진정한 종교다'라고….

정치에 일절 간섭하지 않는 종교와 창가학회처럼 적극적으로 정치에 관여하는 종교, 이 둘을 비교하면 일견 전자 쪽이 고상하며 청렴하게 보이고, 후자 쪽이 세속적이고 더러운 것처럼 보일 것이다. 하지만 실제로는 정치에 관여하지 않고 종교 활동만 하는 편이 훨씬 쉽다. 현실 바깥에 몸을 두고 번지르르한 말만 하면 되기 때문이다.

권력 중핵으로의 입성을 선택한 공명당을 지지하기로 한 창가학회가 선택한 길 쪽이 훨씬 험난한 가시밭길이다. 정치 현실이라는 진흙을 뒤집어쓰고 악전고투하며 사회를 개선해나가려는 길이기 때문이다.

특히 오늘날처럼 우리 신변 가까이까지 핵전쟁과 테러 위협이 밀어닥친 국제 정세 속에서는 자민당과 관료에게만 이 나라의 지휘를 맡기는 것은 위험한 일이다. 평화를 유지하기 위해서라도 여당의 일각에 공명당이 있으면서 영향력을 행사할 필요가 있다. 그렇게 생각하였기 때문에 공명당은 '여당화'한 것이다. 그리고 이는 창가학회의 세계종교화 흐름 속에서 필연적으로 일어난 일이다.

세계종교의 '여당화'는 필연이지만, 이는 바꾸어 말하면 '세계종교는 정치 현실이라는 진흙탕 속에서 자신들의 가치관을 실현하기 위해 힘든 길을 선택한 종교'라는 뜻이기도 하다.

'종교는 정치에 참견하여서는 안 된다'고 생각하는 사람이 많은 일본에 살다 보면 위와 같은 사고방식이 별로 마음에 와 닿지 않을 수 있다. 하지만 반대로 구미의 그리스도교도는 쉽사리 이해할 것이다. 왜냐하면 그리스도교에는 '인카네이션Incarnation', 우리말로 번역하면 '성육신成肉身'이라는 근본 교리가 있기 때문이다. '성육신'이란 '신의 아들인 예수 그리스도가 인간의 모습으로 지상에 내려와 사람들을 구원한 일'을 가리킨다. 신의 아들이 인간의 육신을 입고 세상에 왔기 때문에 '성육신'이라고 한다.

같은 유일신교라도 유대교와 이슬람교에는 성육신에 해당하는 사고방식이 없다. 두 종교의 경우에는 신은 어디까지나 신으로서만 존재한다. 신이 인간을 구원하기 위해 인간의 모습을 하고 지상의 비참한 현실 한가운데로 내려온다는 사고방식은 그리스도교 특유의 것이다.

즉 '종교란 현실 속에서 진흙 범벅이 되어 사람들을 구원하는 것이다'라는 벡터가 그리스도교에서는 대단히 강하다. 그리고 이는 창가학회의 종교 인식과 정확하게 겹치는 부분이기도 하다. 따라서 그리스도교도는 창가학회의 정치 활동에 대한 편견도 적다.

이상과 같이 생각하였을 때 세계 192개 국가와 지역의 SGI도 모종의 형태로 정치에 참여하더라도 이상할 것이 없다.

지금은 공명당처럼 독자적인 정당이 있는 것은 일본뿐이고, 각국 SGI는 눈에 띄는 선거 활동을 하지 않고 있다. 하지만 예를 들어 한국 SGI는 이미 현재도 '한국인 50명 가운데 한 명이 SGI 회원'이라고 할 정도로 규모가 커졌으므로 객관적으로 보았을 때 한국 대통령 선거 등에서 무시할 수 없는 존재가 되었다고 할 수 있다.

다만 회헌에 "그 활동을 추진함에 있어서 각국·지역의 법령을 준수하고, 또 수방비니의 정신에 입각하여 문화 및 풍습을 존중한다"라고 조항에 명시되어 있는 바와 같이 각국 사회와 조화를 도모하며 활동하여야 한다는 방침이 있으므로 그 흐름은 무척 완만하게 진행될 것이다. 세계종교화란 그러한 것이다.

프랑스의 '특수한 정교분리'

앞서 언급한 정교분리 이야기에 한 가지를 추가하자면, 프랑스만큼은 사정이 다르다는 것을 분명하게 알아둘 필요가 있다.

프랑스는 종교 단체가 정치에 관여하는 것 자체를 금지하는, 세계적으로 보았을 때 특수한 정교분리 입장을 취하고 있다. 국가와 공립학교는 탈종교화하고, 사적 영역에서의 종교적 자유는 보장하는 '라이시테'라는 정교분리법을 규정하고 있다.

과거에 프랑스에서 그 나라로 이민해온 이슬람계 여성 신도가 '히잡(무슬림 여성이 머리에 쓰는 스카프)'을 쓰고 등교하자 교사가 교실에 들어가는 것을 허락하지 않은 사건이 있었다. 이것도 이 정교분리법 때문이다.

요컨대 프랑스라는 국가에서는 '무신론이라는 종교가 국교'이다.

따라서 그 이외의 종교는 허락하지 않는 것이다. 이는 교회 권력과 오랜 세월 투쟁한 끝에 정교분리를 쟁취해낸 프랑스의 역사적 배경에서 기인한다. 세계적으로 보더라도 극히 특수한 사례이다. 프랑스의 극단적으로 엄격한 정교분리 스타일을 보편적인 것으로 여겨서는 안 된다.

창가학회를 비판하는 사람들이 비판의 근거로 종종 드는 것이 '프랑스 국회가 창가학회를 컬트로 인정하였다'는 것이다. 이는 1983년에 당시 피에르 모루아Pierre Mauroy 총리의 명령으로 알랭 비비안Alain Vivien이라는 프랑스 하원의원이 작성한 보고서를 두고 하는 말이다. 프랑스에서 활동하는 '섹트Sect'적 종교 단체를 정리한 보고서이다.

'섹트'는 본래 '종파'라는 뜻을 지닌 프랑스어인데 오늘날에는 영어의 '컬트Cult', 즉 '반사회적 종교 집단'을 의미하는 말이 되었다.

이 보고서에 다른 많은 종교 단체와 함께 창가학회도 리스트에 올랐다. 그 이후 프랑스 미디어에서도 창가학회를 중상모략하는 기사가 나오기 시작하였다.

하지만 보고서에 담긴 창가학회에 대한 기술은 현지 학회 조직을 탈퇴한 한 사람의 말을 무비판적으로 그대로 수용한 내용이다. 그 사람이 탈퇴한 후 현지 조직에 보낸 악의와 날조로 가득한 서신을 보고서는 신중한 조사도 하지 않고 게재하였다. 이는 보고서에 근거하여 창가학회를 중상모략하는 기사를 실은 주간지가 받은 재판에서 분명하게 밝혀졌다.

소위 '컬트 인정'에는 그러한 배경이 있다. 또 그 후 프랑스에서는 SGI에 대한 시각이 긍정적인 쪽으로 바뀌고 있다.

예를 들어 『르몽드Le Monde』 관련 월간지 『르몽드 데 릴리지옹Le Monde DES RELIGIONS』(=종교의 세계)은 2011년 9~10월 합병호에서 프랑스의 학회 조직 '프랑스 창가운동체'에 대한 르포르타주 기사를 게재하였다.

프랑스 정부는 섹트 대책을 위해 관계청을 넘나드는 총리 직속의 '미빌루드MIVILUDES'라는 조직을 설치하는데, 기사에서 미빌루드 회장이 한 다음의 발언이 소개되었다.

"최근 5년 이상, 창가학회와 관련하여 우리는 섹트 일탈 행위 통보를 일절 받은 바가 없다. 프랑스 창가운동체는 예배·문화·상업 활동을 구분하고, 프랑스 내에서는 전혀 문제를 제기하지 않는다."

이와 같이 프랑스에서도 창가학회는 착실하게 사회에 뿌리를 내리고 있다.

앞으로 이 분야의 친구와 대화하게 되었을 때 "세계종교네 어쩌네 하며 잘난 척 떠들어봐야 창가학회는 프랑스에서 컬트 인정을 받은 종교잖아?"라는 비판을 듣게 될 일이 있을 것이다.

그때 프랑스의 특수한 정교분리 사정과 과거에 '컬트 인정'을 받게 된 배경, 그 후 창가학회에 대한 인식 변화에 대해 제대로 설명해주면 좋을 듯하다.

그리스도교의 실패를 반복하지 않을 것

앞으로 본격적인 세계종교화를 해나가기에 앞서, 먼저 세계종교가 된 그리스도교와 이슬람교가 어떤 길을 걸었는지를 상세하게 아는 것은 무척 중요한 일이다.

'전철을 밟다', '같은 전철을 밟지 않다'라는 관용구가 있다. 여기서 '철轍'이란 '바퀴가 지나간 흔적'을 말한다. '앞서간 마차의 바퀴 자국을 따라가는 것은 상관없으나, 앞서 간 마차가 사고로 전복되었을 때도 그 바퀴 자국을 따라가면 마찬가지로 전복된다'라는 교훈이 담긴 말이다.

세계종교화를 추진하는 창가학회에는 그리스도교와 이슬람교라는 한참 전에 앞서간 본보기가 있다. 그 본보기로부터 배울 점은 배우고, 실패하거나 잘못한 점에 대해서는 '같은 전철을 밟지 않겠다'고 마음먹는 것이 중요하다.

그리스도교가 세계종교화 진행 과정에서 어떠한 잘못을 저질렀는가. 또 이슬람교가 어떠한 문제점을 안고 있는가. 이를 상세하게 배워서 창가학회를 세계종교화해나가는 도정에서 잘 살리는 것. 이는 최후발 세계종교인 창가학회에만 허락된 특권이기도 하다.

특히 나는 그리스도교도의 한 사람으로서 그리스도교와 같은 실수를 창가학회가 반복하지 않길 절실하게 바란다.

그렇다면 그리스도교는 어떤 실수를 하였을까? 최고의 실수로 그리스도교가 제1차 세계대전에 가담한 것을 들고 싶다. 세계가 제1차 대전에 돌입하였을 때 그리스도교는 이에 제동을 걸지 못하였고, 오히려 일부 그리스도교도는 전쟁을 일으키는 편에 섰다.

'가담'이 아니라 그리스도교가 빠진 일종의 '이성에 대한 과신'이 제1차 세계대전의 간접적인 원인이 되었다고 하여도 좋다. 이것이 무슨 말인지 순서에 따라서 설명하도록 하겠다.

이야기는 제1차 세계대전이 일어났을 때로부터 한참 전인 갈릴레오 갈릴레이와 코페르니쿠스의 시대로까지 거슬러 올라간다.

갈릴레오와 코페르니쿠스가 주창한 '지동설'은 신학 세계에도 큰 충격을 주었다. 지구가 둥근 구와 같은 모양이며 자전하는 것이 사실이면 '천상에 있는 신'이라는 개념을 유지할 수 없기 때문이다. 예를 들어 일본에서 보았을 때의 '위'가 브라질에서 보면 '아래'가 되므로 상하 개념 자체가 난센스가 되고 만다.

당연히 가톨릭교회는 "갈릴레오와 코페르니쿠스는 틀렸다! 지구는 평평하다!"라며 억지를 썼지만, 결국 케플러와 뉴턴이 등장하였고 지동설이 옳다는 것이 증명되자 신학계는 '천상'을 대신할, 신이 거하는 곳을 찾기 시작하였다.

그리고 18세기부터 19세기에 걸쳐서 프로테스탄트의 '자유주의 신학' 신학자들이 이성과 모순되지 않는 '하나님이 거하는 곳'을 찾아냈다. 그것은 사람들의 마음속이었다.

마음은 몸속의 어디에 있을까? 뇌 속? 아니면 심장 부근? 그 위치를 도식화할 수는 없지만, 그래도 마음은 인간 내부에 분명히 있다. 그렇지만 최근에는 '마음은 없다'고 주장하는 뇌과학자도 많아서 이를 '심뇌 문제'라고 부르지만, 여기에서는 상세하게 다루지 않겠다.

좌우간 프리드리히 슐라이어마허Friedrich Daniel Ernst Schleiermacher를 비롯한 신학자는 천상을 대체할, 신이 있는 곳으로 마음을 선택하였다. '신은 마음속에 있다'고 하면 지동설과 모순되지 않기 때문이다.

하지만 이로 말미암아 새로운 문제가 생겨났다. 인간의 마음 작용과 신의 작용을 구분할 수 없게 된 것이다. '계몽주의 시대'의 부작용으로 '이성에 대한 과신'이 생겨났고, 창가학회의 교학 용어를 빌리자면 '증상만增上慢(아직 깨닫지 못하였는데도 이미 깨달았다고 생각하는 교만, 오만-역자 주)'이 인간 내부에서 싹텄다. 그러자 자신의 생각과 신의 의지를 혼동하게 되었다. 즉 인간이 자신을 신의 위치에 두게 된 것이다.

이와 같은 스스로의 '이성에 대한 과신'이 후일에 제1차 세계대전을 일으키는 간접적인 원인이 되었다.

'이성에 대한 과신'이 가져온 대량 살육 시대

슐라이어마허와 알브레히트 리츨Albrecht Ritschl 등의 자유주의 신학 선구자의 뒤를 이은 것이 독일의 자유주의 신학자 아돌프 폰 하르나크Adolf von Harnack였다. 하르나크는 당시에 '유럽 최고의 지식인'이라고도 불린 인물이다.

하지만 바로 그 하르나크가 제1차 세계대전 발발에 앞서 독일 황제 빌헬름 2세Wilhelm II가 발표한 참전 메시지 초안 작성에 관여하였고, 전쟁을 긍정하는 지식인 93명이 서명한 '지식인 선언'에도 서명하였다.

유럽 최고의 거물 신학자가 전쟁을 긍정한 것이다. 하물며 이때 서명한 93명 중에는 하르나크의 생각에 동조한 신학자들도 있었다. 그리스도교 역사에 오점을 남긴 원통한 일이다.

어째서 이러한 일이 벌어졌는가? 그리스도교 신학자들의 '이성에 대한 과신'이 근저에 있다고 생각한다. '이성의 빛으로 세상을 비추며 과학기술을 발전시켜나가면 인류는 행복해질 수 있다'는 과신이 제1차 세계대전이라는 전대미문의 비극에 대한 잘못된 견해를 가지게 한 것이다.

하지만 인류를 행복하게 할 줄 알았던 과학기술이 대량 학살 무기의 발달을 가져왔다. 하르나크와 신학자들은 지나치게 낙관적이었고, 그 근저에는 인간이면서 스스로를 신의 위치에 둔 '증상만'이 있었다.

일반적으로는 제1차 세계대전이 일어난 계기를 오스트리아·헝가리제국의 황태자 부부가 사라예보에서 세르비아 민족주의 청년들에게 암살된 일(사라예보 사건)로 본다. 하지만 사실 역사가들 사이에서는 "제1차 세계대전이 일어난 원인은 잘 모르겠다"고 하는 것이

통설이다. 왜냐하면 사라예보 사건도, 그 후에 일어난 일도, 본래라면 세계대전의 원인이 될 만한 사건이 아니기 때문이다.

오스트리아·헝가리제국과 약소국 세르비아가 동등하게 전쟁을 치를 수 있을 리도 없다. 암살자의 조국인 세르비아 측에서 사죄하고 그것으로 끝났어야 정상이다. 그런데 세르비아는 러시아와 동맹을 맺고, 러시아는 프랑스와 동맹을 맺고, 오스트리아·헝가리제국은 독일과 동맹을 맺음으로써 사태가 커지고 말았다.

그래도 여전히 동맹국 간의 대화를 통해 문제가 해결되었어야 한다고 많은 사람이 생각한다. 그런데 일단 전쟁이 발발하자 동맹 관계가 역으로 전쟁 확대의 원인이 되었다. 그리고 결과적으로 세계대전은 4년 넘도록 길게 이어졌고, 전투 인원 900만 명 이상과 비전투 인원 700만 명 이상이 사망하는, 인류사에서 전례를 찾아볼 수 없는 비극을 초래하였다.

그 과정에서 그리스도교 신도들이 전쟁에 제동을 걸어야 했는데, 반대로 앞서 말한 바와 같이 전쟁을 선동하는 쪽으로 기울었다. 간접적으로는 그리스도교 문명권을 휩싸고 있던 이성을 과신하는 분위기가 전쟁을 일으킨 것이라는 의미에서 '그리스도교가 제1차 세계대전을 일으켰다'고까지도 말할 수 있다.

게다가 제1차 세계대전과 그 후의 제2차 세계대전에는 연속성이 있다.

영국의 역사가 에릭 홉스봄Eric John Ernest Hobsbawm은 '긴 19세기'와 '짧은 20세기'라는 독자적인 역사 개념을 만들어냈다.

그는 프랑스 혁명부터 제1차 세계대전 발발 전까지(1789~1914년)를 '긴 19세기'로, 제1차 세계대전 발발부터 소비에트연방 붕괴까지(1914~1991년)를 '짧은 20세기'로 보았다. 그리고 제1차 세계대전과 제2차 세계대전은 '20세기의 31년 전쟁'으로 인식하여야 한다며 그 연속성을 강조하였다.

역사에는 '만약~'이 없지만 가령 제1차 세계대전이 일어나지 않았더라면 제2차 세계대전도 일어나지 않았을 수 있다. 그렇게 생각하면 그리스도교가 세상에 가져온 '이성에 대한 과신'이 20세기를 '전쟁의 세기'로 만들었다고도 할 수 있다.

제1차 세계대전이 발발하였을 때, 하르나크와 신학자들이 전쟁을 지지하는 성명을 냈을 때, 이에 충격을 받고 '이로써 여태까지의 신학은 모두 망해버렸다. 새로운 신학을 처음부터 다시 쌓아나가야 한다'고 생각한 신학자가 있다. 당시까지는 스위스의 자펜빌이라는 시골 마을의 목사에 불과하였던 칼 바르트Karl Barth이다.

'다시 한 번 성서로 돌아가자'고 결심한 바르트는 1919년에 그리스어 성서를 번역한 후 독자적인 해설을 추가한 『로마서 주해Der Römerbrief』라는 저작을 발표하였다. 이것이 바르트가 주도한 '신정통주의'라는 신학 조류의 시작이다.

바르트는 일부 신학자가 인간의 이성과 과학기술을 과신한 결과 생겨난 것이 독가스와 전차, 군용기라고 말하며 대량 살육의 비극이 일어난 것을 심각하게 보았다. 이성은 전쟁을 멈추는 힘이 되지 못하였다고 생각한 것이다. 이는 그리스도교가 저지른 크나큰 실수를 인정하고 신학의 본모습으로 궤도를 수정하고자 하는 조류였다.

인권 사상의 근저에 있는 것

갈릴레오와 코페르니쿠스가 주창한 '지동설'로 신학 세계가 크게 요동쳤다는 이야기를 하였는데, 이것이 가져온 또 하나의 큰 변화에 대해 생각해보도록 하겠다. 이는 사실 인권 사상의 시작이다.

중세까지 그리스도교 세계의 사고방식은 '이성적인 상태는 천상의 세계, 즉 신의 세계에 있다'는 것이었다. 원죄를 짊어진 인간으로 이루어진 지상 세계는 악으로 가득한 더러운 세계이기에 차별과 폭력, 역병 등이 만연한 것을 당연하게 여겼다. 따라서 당시 사람들은 이 세상의 끝을 간절하게 바라며 살았다. '빨리 이 세상의 종말이 찾아와서 다 함께 신의 나라로 들어가면 좋겠다'라고…. 그런 생각이 주류였던 중세에는 인권 사상 등이 생겨날 여지가 없었다.

그런데 지동설이 옳다는 것을 알고 '천상 세계라는 것은 없다. 신은 그곳에 없다'는 것을 알게 되자 그 때문에 '여태까지 신의 권리라고 생각하였던 것이 실은 인간의 권리였다'고 생각하게 되었다. 이러한 전환이 후일에 인권 사상을 탄생시켰다.

즉 인권 사상은 구미歐美에서 신이 사라져가는 과정에서 신이 가졌던 권리를 인간의 손으로 끌어내린 결과 생겨난 것이다. 따라서 인권의 반대말은 '신권'이다.

일본 보수파 사람들이 종종 "천부인권설은 일본의 국가 특성과 맞지 않는다"고 주장하는데, 이 주장은 어떤 의미에서는 옳다. 신권이 변화하여 생겨난 것이 인권이기에 애당초 신권이 존재하지 않은 일본에서는 인권 사상의 본질을 체감적으로 이해하기 어렵다. 일본인에게 인권 사상은 근대화에 의해 서구 문명이 우르르 유입되었을 때 함께 들어온 한 부분에 불과하기 때문이다.

신권 사상이 없던 일본과는 반대로 신권 사상이 지나치게 강한 탓에 인권 사상이 충분히 뿌리 내리지 못한 세계도 있다. 바로 이슬람 세계이다.

소위 '아랍의 봄'에 대해서는 여러분도 알 것이다. 2011년부터 활발해진 아랍 세계의 민주화 운동이다. '아랍의 봄'은 '재스민 혁명'이라고도 하는데, 이는 재스민이 '국화'인 튀니지에서 민주화 운동이 촉발되었기 때문이다.

운동이 일어난 계기는 2010년에 튀니지의 지방 도시에서 한 청년이 분신자살한 사건이다. 노점 포장마차에서 채소와 과일을 팔던 이 청년은 뇌물을 주지 않았다는 이유로 해당 지역 담당 경찰관에게 이런저런 트집을 잡혔고 포장마차를 몰수당하였다. 이에 항의하였으나 상대조차 해주지 않자 청년은 시청 앞 광장에서 분신자살을 하였다.

이 모습이 촬영된 동영상이 SNS(누리소통망)에 올려져 아랍 세계에 널리 퍼지자 젊은이와 지식인을 중심으로 충격이 퍼져나갔다.

이슬람교에서 분신자살은 금기이다. 자살 자체도 금지지만, 분신자살해서 부활할 육신이 없어져버리면 '최후의 심판' 때 천국에 갈 권리도 없어져버리기 때문이다. 즉 청년은 '그래도 상관없다'고 생각할 만큼 깊이 절망한 것이다.

부패한 경찰의 횡포에 대한 분노는 이윽고 정권에 대한 분노로 바뀌었고 튀니지 각지에서 반정부 행동이 일어났다. 이는 독재자 벤 알리Zine El Abidine Ben Ali 대통령의 퇴진으로 이어졌고, 민주화 운동은 옆 나라 이집트와 리비아 등으로까지 번졌다.

하지만 이집트에서 장기 독재 정권을 이끌고 있던 호스니 무바라크 대통령이 실각한 후 민주적 선거에 의해 뽑힌 무함마드 무르시 Mohamed Morsy 대통령은 아이러니하게도 민주화하고는 정반대인 옛 '이슬람주의'에 따른 통치를 지향한 리더였다. '샤리아(이슬람법)에 따라서 지배되는 칼리프Caliph(무함마드의 후계자)제국'을 만들고자 하였다.

그 후 군이 사실상 쿠데타를 일으켜 오늘날의 엘시시Abdul Fatah al-Sisi 정권으로 바뀌는 등 혼란이 계속되었다. 좌우간 '아랍의 봄'은 실패로 끝났고 민주화와는 사뭇 거리가 먼 상황이 된 것이 현재 이집트의 현실이다.

그러면 아랍과 중동 세계에 어두운 일본인은 "뭐가 뭔지 도통 모르겠어"라며 고개를 갸웃거릴 것이다. 하지만 '인권과 신권'이라는 보조선을 넣고 생각하면 일의 경위가 쉽게 이해된다.

요컨대 이집트는 아직까지 신권 사상이 더 지배적이어서 일반 민중 사이에 인권 사상이 뿌리내리지 못하였다. 그래서 민주적인 절차에 따라서 선출된 정권이 신권을 주장하고, 인권을 무시하는 제도를 만들고, 민주화의 움직임을 저지하는, 그야말로 아이러니한 패러독스가 발생한 것이다.

좋고 나쁘고를 떠나서 21세기의 오늘날에도 인권보다 신권을 우선하는 국가가 있다는 이야기다. 하물며 세계종교 중의 하나인 이슬람교 세계에서 여전히 뿌리 깊은 상태이다. 이에 대해 여러분은 잘 이해해두어야 한다.

고성능 무기의 낙수 효과

그리스도교 문명의 '이성에 대한 과신'이 제1차 세계대전을 일으키고, 대량 학살 무기의 진보를 뒷받침하였다고 설명하였다.

무기의 진보는 현재도 여전히 진행 중이다. 그중에서도 두려운 것은 고성능 무기의 낙수 효과이다.

'낙수 효과'란 물방울이 떨어진다는 뜻으로, 일반적으로는 '부유층과 대기업이 부를 축적하면 이윽고 빈민층에게도 부가 낙수되어 떨어진다'는 경제면에의 '낙수 효과 가설'을 지칭한다. 하지만 여기에서 말하는 '낙수 효과'는 대국이 고성능 무기를 개발하면 그것이 이윽고 가난한 나라와 테러 조직, 일반인에게까지 확산된다는 의미이다.

예를 들어보겠다. 2017년 10월에 미국 라스베이거스에서 총기 난사 사건이 일어났다.

범인이 호텔 32층 방에서 큰길의 음악 페스티벌 공연장을 향해 수천 발의 총알을 난사하여 58명이 사망하고 546명이 다쳤다. 이 사건은 단독범이 자행한 총기 난사 사건 가운데 미국 역사상 최악의 사건으로 기록되었다.

무려 지상 32층 높이에서 총을 난사하였고, 하물며 짧은 시간에 수천 발을 발사하여 58명을 죽음에 이르게 하였다…. 이런 끔찍한 일이 가능했던 배경에는 총기 테크놀로지의 급속한 진보가 있다. 그 진보를 가져온 것은 '9·11' 사건 이후 아프가니스탄에서 벌인 미군의 테러와의 전쟁이다.

아프가니스탄 산악지대에서 미군 병사가 적과 싸우기 위해서는 상대방의 총탄이 미치지 못하는 거리에서 상대방의 숨통을 끊는 것이 요구되었다. 그러한 절실한 필요성이 있었기 때문에 미국의 군산복합체가 가진 힘을 결집하여 급하게 고성능 총을 개발한 것이다.

그리고 미국에서는 총기 소지가 자유화되어 있으므로 개발된 최첨단 총은 일정 시간이 지나면 민간인의 손에도 들어온다. 그야말로 '고성능 무기의 낙수 효과'이다. 그렇기에 일개 개인에 불과한 라스베이거스 총기 난사 사건의 범인도 그 정도 살상 능력을 가진 총을 구할 수 있었던 것이다.

그리고 이와 같은 '고성능 무기의 낙수 효과'는 모든 무기와 모든 국가에 벌어질 가능성이 있다. 물론 그중에는 핵무기가 포함될 가능성도 있다.

창가학회는 일관되게 핵무기 폐기를 목표로 핵무기의 위험성을 세상에 알리는 계몽적인 전시 활동 등을 계속하고 있다. 이러한 행위의 의의는 미래 시대에 한층 빛을 발하게 될 것이다. 핵확산 문제가 점점 더 심각해지는 가운데 핵무기 폐기는 인류가 살아남기 위해 사활을 걸고 해결하여야 하는 중요한 과제가 되었다.

그리고 세계종교에는 이 과제 해결에 동참할 책임이 있다. 여러분은 핵무기 확산은 물론이고 모든 '고성능 무기의 낙수 효과'를 주의 깊게 주시하여야 한다.

제 5 장
세계종교에서의
'보편화'란?

창가학회의 '중간 단체'로서의 중요성

프랑스의 계몽 사상가 몽테스키외Montesquieu의 『법의 정신De L'esprit des Lois』이라는 정치철학의 고전이자 명저가 있다. 제목은 유명하지만 실제로 읽어본 사람은 극히 적은 책의 전형이다.

이와나미문고岩波文庫의 문고판의 경우에는 상·중·하의 총 3권으로 구성되어 있고, 하물며 각각 약 500쪽 전후로 두툼하기 때문에 쉽사리 읽기 어렵다. 하지만 이 책은 창가학회를 이해하는 데도 중요한 내용을 담고 있으므로 꼭 한번 읽어보라고 여러분에게 추천하고 싶다.

『법의 정신』은 권력을 입법권, 사법권, 행정권의 셋으로 나눈 '삼권분립'을 정식화한 책으로 유명하다. 총 6부로 구성된 이 책의 내용 가운데 여러분에게 가장 중요한 부분은 제3부이다. 왜냐하면 3부에서 몽테스키외가 '중간 단체(중간 집단)'가 하는 역할의 중요성을 논하였기 때문이다.

'중간 단체'란 국가와 개인의 중간에 위치한다는 뜻에서 붙여진 명칭이다. 국가 기관 중의 하나도 아니고, 사적 이익을 추구하는 것도 아닌, 공공성을 지닌 단계를 '중간 단체'라고 한다.

이 말이 생겨난 유럽의 중세 사회에서는 지역 교회와 길드(직능 집단=직업별 조합) 등이 중간 단체에 해당한다. 현대 사회에서는 종교 단체와 각종 NPO(비영리 단체), 노동조합 등이 이에 해당할 것이다. 물론 창가학회도 중간 단체 중의 하나이다.

몽테스키외가 삼권분립을 주장한 것은 권력을 셋으로 나누어 상호 견제하도록 해야 국가 권력의 횡포를 억제할 수 있다고 생각하였기 때문이다. 하지만 그는 권력의 분립만으로는 충분치 않다고 보았다.

국가 권력의 폭주에 제동을 걸고 건전한 민주주의를 담보하기 위해서는 중간 단체가 많아야 하고, 각각의 중간 단체가 힘을 키우며 활발하게 활동하는 것이 반드시 필요하다고 그는 주장하였다.

"권력은 부패한다. 절대적 권력은 반드시 부패한다"라는 영국 역사가 존 액턴John Emerich Edward Dalberg-Acton의 말처럼 국가 권력은 내버려두면 반드시 폭주한다. 한편 영리를 추구하는 대기업만 힘을 키우면 이 또한 마찬가지로 '권력의 대체물'이 되고 만다.

따라서 양자의 중간에 위치하며 공공성 있는 활동을 하는 건강한 중간 단체가 있어야 한다. 이것만이 국가 권력의 횡포를 억제할 유일한 현실적 수단이라고 몽테스키외는 『법의 정신』에서 강조하였다.

또 프랑스의 정치 사상가 알렉시 드 토크빌Alexis de Tocqueville이 1830년대에 미국을 시찰하고 쓴 『미국의 민주주의De la Démocratie en Amérique』라는 고전적 명저가 있다.

이 책에서 토크빌은 "다른 많은 곳에서는 실패한 공화제의 의회제 민주주의가 왜 미국에서는 잘 돌아가는가?"라는 물음을 던졌다. 그리고 그에 대한 답으로 미국에서는 중간 단체가 각 지역에서 발달하여 활발하게 활동하고 있어 미국의 민주주의를 안정적이고 공고하게 해준다고 분석하였다.

토크빌은 몽테스키외에게 많은 영향을 받은 인물이기도 하다. 중간 단체를 중시한 것도 몽테스키외의 영향이다.

다만 토크빌은 미국의 시민사회에서 발달한 중간 단체를 길드 등의 전통적 공동체와 구분하기 위해 '어소시에이션Association'이라고 불렀다. 어소시에이션이란 '공통의 목적이나 관심을 가진 사람들이 자발적으로 만든 집단이나 조직'을 뜻한다. 창가학회는 그야말로 토크빌이 말한 어소시에이션 중의 하나이다.

각종 기업도 본래는 중간 단체(어소시에이션)였다. 하지만 오늘날에는 영리를 추구하는 측면이 강해져 중간 단체로서의 역할이 옅어졌다.

마찬가지로 정당에도 본래는 중간 단체적인 성질이 있었다. 왜냐하면 정당을 영어로 '파티Party'라고 하는 것처럼 정당이라는 것도 본래는 전체의 대표가 아니라 부분Part의 대표이기 때문이다. 즉 '공통의 목적과 관심을 가진 사람들이 자발적으로 만든 집단'이 정당이다.

하지만 작금에는 정당도 중간 단체적인 성질은 옅어지고 소속 정치가들이 사적 이익을 추구하는 측면이 강해진 듯하다. 이것이 정치 혼란의 근본 원인 중의 하나가 아닐까?

이러한 가운데 창가학회는 중간 단체로서의 성질을 일관되고 강하게 가지고 있다. 그러한 의미에서 전국 방방곡곡에 퍼져 있는 창가학회 조직이 국가 권력의 횡포를 억제하고 일본 민주주의를 안정적이며 단단한 것으로 만들고 있다고 할 수 있겠다.

이런 식으로 창가학회가 민주주의 사회에서 하는 근원적인 역할을 고찰하는 데도 몽테스키외의 『법의 정신』과 토크빌의 『미국의 민주주의』를 한 번씩 읽어두면 도움이 될 듯하다.

영화 《핫코다산》에 담긴 민중관

나는 지난번 강의 때 학생 여러분에게 영화 《핫코다산八甲田山》을 보고 오라고 '숙제'를 내주었다. 다들 보고 왔으리라 생각하므로 보았다는 전제하에 이야기를 진행하도록 하겠다.

대학에서 강의할 때 수강생에게 영화 한 편을 보고 오라는 식의 강의를 가끔씩 한다. 예를 들어 도시샤대학교 신학부에서 강의하였을 때는 마틴 스코세이지Martin Scorsese 감독이 엔도 슈사쿠遠藤周作의 소설을 영화화한 《사일런스Silence》(2016년)를 보고 다 함께 감상을 이야기하는 수업을 한 적이 있다.

영화 《핫코다산》은 닛타 지로新田次郎의 소설 『핫코다산 죽음의 방황八甲田山死の彷徨』을 영화화한 것으로 1977년에 제작되었다. 하시모토프로덕션, 도호영화, 시나노기획이 공동 제작하였다. 하시모토프로덕션은 이 영화의 각본을 쓴 하시모토 시노부橋本忍(구로자와 아키라[黒澤明]와 공동 작업한 것으로 유명한 일본을 대표하는 유명 각본가)가 설립한 회사이다.

여기에서 조명하고 싶은 것은 영화 《핫코다산》이 시나노기획 주도로 제작되었다는 사실이다. 시나노기획은 창가학회 관련 기업으로서 학회와 관련된 여러 가지 영상물을 제작하였는데, 일반인을 대상으로 제작한 영화도 적지 않다.

영화 분야에서 유명한 것은 이케다 다이사쿠 제3대 회장의 소설 『인간혁명』을 영화화(도호영화와 공동 제작)한 것이다. 첫 번째 《인간혁명人間革命》이 1973년, 《속·인간혁명續·人間革命》이 1976년에 제작되었고 두 편 모두 크게 히트하였다.

이는 시나노기획에서 한 말이 아니고 나의 개인적인 추측인데, 1977년이라는 시기에 영화 《핫코다산》을 시나노기획이 제작한 배경에는 이해에 발발한 '제1차 종문 사건'의 영향이 있지 않을까 한다.

제1차 종문 사건은 창가학회와 일련정종 종문 사이에 일어난 큰 불협화음이다. 이때는 학회 측이 물러서는 형태로 사태가 수습되었다. 그리고 1990년대 초반에 일어난 제2차 종문 사건으로 학회와 종문은 완전히 결별하기에 이르렀다.

시나노기획은 당시에 《인간혁명》 영화 제3탄을 제작하려고 하지 않았을까? 왜냐하면 원작 소설 『인간혁명』에 담아야 할 중요한 이야기가 여전히 많이 남아 있었기 때문이다. 하지만 제1차 종문 사건의 영향으로 제작할 수 없게 되었다. 이를 대신하여 《핫코다산》을 영화화한 것이 아닐까 하고 추측한다.

하지만 《핫코다산》의 스토리와 창가학회는 아무런 상관이 없다. 다만 영화판 《인간혁명》 속편 대신에 제작하였을 것이라는 가설을 세우고 보면 그 영화에 담긴 시나노기획의 진의가 보일 듯하다. 지금부터 내가 그렇게 생각한 이유를 말하여보겠다.

《핫코다산》은 1902년에 일어난 '핫코다 설산 행군 조난 사건'을 영화화한 것이다. 일본 육군 보병연대가 한겨울 핫코다산을 뚫고 걸어가는 설산 행군훈련 도중에 조난되어 참가자 210명 가운데 그야말로 199명이 사망한 엄청난 사건이다. 이 정도 규모의 산악 조난 사건은 전 세계적으로도 보기 드물다.

설산 행군훈련을 한 이유는 '러시아와의 전쟁이 불가피하다'고 여겨지는 당시 상황 때문이었다. 한겨울에 러시아군과 싸울 것에 대비하여 혹한의 땅에서 전투할 준비(훈련과 실지 조사)를 해두려 한 것이다. 실제로 이 훈련이 있고 2년 후에 러일전쟁이 발발하였다.

훈련에는 '아오모리 보병 제5연대'의 210명과 '히로사키 보병 제31연대'의 37명이 각각 다른 루트로 참가하였다. 아오모리 제5연대는 조난되었지만, 히로사키 제31연대는 한 명의 낙오자 없이 행군을 완수하였다.

한쪽 연대는 전멸에 가까운 피해를 보았지만, 다른 한쪽 연대에서는 한 명의 사망자도 나오지 않았다. 영화는 두 연대를 대비하여 그렸다.

다카쿠라 겐高倉健이 연기한 히로사키 보병 제31연대의 리더 도쿠시마 대위와 기타오지 긴야北大路欣也가 연기한 아오모리 보병 제5연대의 리더 간다 대위, 두 사람에게 초점을 맞추어 일종의 '리더론'을 그린 영화이다.

도쿠시마 대위는 산에 익숙한 사람으로 선발하는 소수정예주의를 관철하였고, 출발 전에 준비도 꼼꼼하게 하였다. 또 행군 내내 뛰어난 리더십을 발휘하여 부하들의 생명을 지켰다.

한편 간다 대위도 준비는 하였지만 불충분하였다. 하물며 상관 요코야리 때문에 행군에 대대가 동행하게 되어 참가자 수가 대폭 부풀어 오른 데다 도중에 대대장 야마다 소좌(군에서의 계급은 대위보다 위)에게 지휘권을 빼앗겼다. 이와 같은 지휘계통의 혼란이 비극의 큰 원인이 되었다.

즉 《핫코다산》은 리더십의 유무가 두 연대의 운명을 갈랐다는 이야기이다. 그리고 이 이야기의 또 다른 큰 포인트는 '민중관'이다.

히로사키 제31연대는 가장 험준한 곳을 돌파하기 위해 핫코다산을 잘 아는 지역 주민을 안내인으로 고용하고 안내에 따라서 행군함으로써 화를 면하였다. 한편 아오모리 제5연대는 서민 안내인의 의견에 귀 기울이지 않고 스스로를 과신한 탓에 조난을 하게 된다.

히로사키 제31연대의 안내인을 연기한 배우는 아키요시 구미코秋吉久美子였다. 그녀가 안내를 끝내고 연대와 헤어질 때 도쿠시마 대위는 부하들에게 "안내인님을 향하여 경례!"라고 큰 소리로 구령을 하였고, 전원이 경례로 그녀를 배웅하였다. 무척 감동적인 장면이었다. 군인에게 흔히 있을 법한 거만함이나 남성우월주의는 전혀 없었다. 상대는 여성이었고 무명의 서민이었지만 최대한의 경의를 표하였다.

아오모리 제5연대와 동행한 야마다 소좌가 지역 주민을 깔본 것과는 대조적으로 도쿠시마 대위에게는 민중을 깊이 경의하는 마음이 있었다. 그래서 민중의 지혜를 흡수할 수 있었던 것이고, 그럼으로써 조난을 피하고 살아남을 수 있었던 것이다.

뛰어난 리더십을 발휘하여 부하를 지키고 무명 서민에게 최대한의 경의를 표한 도쿠시마 대위가 나는 이케다 회장과 겹쳐 보였다. '종문과 싸우더라도 이케다 회장이 이끄는 창가학회가 끝에 가서는 이긴다'는 감춰진 메시지가 《핫코다산》 스토리의 근저에 숨겨져 있는 것 같았다.

이와 같은 아날로지(유추)적인 방식으로 보는 것도 이야기의 본질을 파악하는 데 큰 도움이 된다.

그런데 다시 한 번 말하지만 위에서 말한 견해는 어디까지나 나의 추측일 뿐 시나노기획에서 한 말이 아니다. 오히려 영화를 제작한 스태프들은 그런 것은 전혀 의식도 하지 않았을 것이다. 그래도 무의식 영역에서 우연이 겹쳐서 결과적으로 나처럼 해석할 여지가 생겨난 것이다.

이 또한 신앙의 힘이 해내는 일이다. 신앙이라는 것은 무의식 영역에까지 스며들어야 비로소 진짜가 되는 법이다.

창가학회는 마르크스주의에서도 배운다

나는 지금 월간 『제3문명第三文明』에서 이케다 회장의 『법화경의 지혜法華経の智慧』를 처음부터 끝까지 전부 해석하는 연재를 하고 있다(『희망의 원천 - 이케다 사상 해설〔希望の源泉 - 池田思想を読み解く〕』)

『법화경의 지혜』는 석존의 설법을 모은 『법화경』 전 28품을 이케다 회장이 교학부 대표와 함께 해석한 규모가 큰 저서이다. 단행본과 세이쿄와이드문고판으로는 전 6권, 두툼한 보통판으로는 상·중·하의 전 3권에 달한다. 이를 월간지에서 한 챕터 한 챕터씩 상세하게 다루며 해석하려는 시도인데, 필시 연재가 끝날 때까지 10년가량 걸릴 것으로 예상된다.

『법화경의 지혜』는 1990년대 중반에 『대백련화大白蓮華』(창가학회 기관지 중의 하나)에서 연재된 것이므로 지금으로부터 20년도 전에 발표된 셈이다.

현시점에서 읽어보면 당시부터 이케다 회장은 창가학회가 본격적으로 세계종교화할 것을 예견하였음을 알 수 있다. 일본뿐 아니라 전 세계 SGI에 창가학회의 법화경 이해 기준을 보이기 위해 『법화경의 지혜』를 집필하였음이 행간에서 느껴진다. 그러한 내용이 담긴 서적이어서 나로서는 이케다 사상과 창가학회에 대해 다시금 배운 점이 무척 많았다. 『법화경의 지혜』를 읽고 깨달은 것은 이케다 회장이 고금의 서양 사상을 폭넓게 공부하여 이를 법화경을 이해하는 데도 자유자재로 구사하였다는 점이다. 고전 철학부터 (발표 당시의) 최첨단 생명과학에 이르기까지 상당히 폭넓은 지식을 두루 갖추고 있음을 알 수 있었다.

예를 들어 『법화경의 지혜』에는 히로마쓰 와타루廣松渉 철학에 대한 언급도 여러 차례 등장한다. 히로마쓰 와타루는 일본이 낳은 최고의 마르크스주의 철학자 중의 한 명이다.

마르크스주의 또는 공산주의라고 하면 '창가학회나 니치렌 불법하고는 양립 불가능한 사상'이라고 생각하는 사람도 있을 수 있다. 실제로 물과 기름과 같은 면도 있지만, 그래도 이케다 회장은 공산주의에서도 배울 것은 배우려는 자세로 임하였다. 바꾸어 말해 창가학회 입장은 단순한 '반공'이 아니라는 말이다.

이케다 회장이 1974년에 처음으로 구소련을 방문하였을 때 어떤 사람이 "당신은 종교인인데, 어째서 (종교를 거부하는 나라인) 소련에 가는 겁니까?"라고 묻자 "그곳에 사람이 있기 때문입니다"라고 대답한 것은 이미 잘 알려진 일화이다.

불교도와 공산주의자가 사상적으로는 상반될 수 있으나, 그래도 '나도 그 사람도 모두 인간이다'라는 근본은 동일하다. 서로의 차이점에 사로잡히지 않고 서로의 공통항에 눈을 돌리고 허심탄회하게 대화를 나눈다. 그리고 상대한테서 배울 점을 찾아서 이를 흡수한다. 이케다 회장은 서로 다른 문명, 서로 다른 종교와 대화할 때 언제나 이러한 자세를 견지하였다. 이케다 회장의 '인간주의'는 단적으로는 이러한 자세에서 드러난다.

또 마르크스주의·공산주의와 창가학회 사상이 100% 양립 불가능한가 하면 그렇지도 않다. 선입관을 배제하고 비교해보면 사실 부분적인 공통항이 적지 않다.

그 예로서 마르크스주의의 '소외론'을 들 수 있다. 이는 마르크스의 『경제학·철학 초고Ökonomisch-philosophische Manuskripte aus dem Jahre』의 제1 초안 '소외된 노동' 등에 나타난 사고방식이다.

마르크스는 자본주의 사회에서는 노동자의 생활을 비인간적으로 만드는 '네 가지 소외'가 발생한다고 생각하였다.

제1은 '노동생산물로부터의 소외'이다. 노동자가 애써 만든 각종 생산물은 본래라면 '노동자 자신의 성과'여야 하지만 실제로는 자본가의 성과가 된다. 노동자 자신의 가치를 높여주지 않는다. 여기에서 '노동생산물로부터의 소외'가 발생한다고 마르크스는 주장하였다.

제2는 '노동으로부터의 소외'이다. 본래 노동이라는 것은 힘들기만 한 게 아니라 보람으로 넘치는 자기 자신을 위한 것이어야 하는데, 자본주의 사회의 노동자는 노동 중에는 자기 자신을 느낄 수 없다. 오히려 노동을 끝내고 집으로 돌아온 후에야 본래의 자신으로 돌아갈 수 있다. 이는 '노동으로부터의 소외'가 일어났기 때문이다. 이해하기 쉽게 바꾸어 말하면 '노동의 보람으로부터의 소외'이다.

제3은 '유적類的 존재로부터의 소외'이다. 말이 어려워서 이해하기 어려운데, 본래는 노동을 통해 다른 사람들과 사회적 연대를 이루는 기쁨을 느껴야 하는데, 이를 느낄 수 없게 된 상황을 지칭한다. 즉 사회적 연대로부터 노동자가 소외된다는 말이다.

제4는 '인간으로부터의 소외'이다. 추상적이지만, 노동 중에 인간은 인간 본연의 모습에서 소외된다.

요컨대 마르크스는 "자본주의 사회의 노동 방식은 인간다운 노동 방식이 아니므로 본연의 방식으로 돌아가야 한다"고 주장한 것이다. 이렇게 보면 이케다 회장의 '인간주의' 사상과 그리 거리가 멀지 않고, 오히려 공통되는 부분이 있음을 느낄 수 있다.

또 공명당 출발 당초의 상황을 생각해보자.

대략적으로 말하였을 때 당시 보수 정당은 재계와 대기업 측에 서고, 혁신 정당은 노동조합 측에 서 있었다. 둘 중 어느 쪽에도 속하지 않는 개인 상점주나 작은 공장 노동자, 전업주부 등은 자신들의 목소리에 귀 기울여주는 정당이 없어 '정치의 계곡'에 방치되어 있었다. 그 사람들의 대변자가 되는 것이 여명기 공명당의 레종 데트르(존재 이유)였다고 할 수 있다.

공명당도 마찬가지로 소외된 노동자들에게 손을 내밀어 그들이 소외되지 않는 상황을 만들고자 하였다. 그러한 의미에서 마르크스가 '네 가지 소외'에서 한 문제 제기에 대해 창가학회는 독자적인 종교적 접근으로 부응하고자 하였다고 하겠다.

실제로 『법화경의 지혜』를 숙독하다 보면 마르크스의 소외론과 흡사한 사고방식을 도처에서 보게 된다. 즉 이케다 회장은 마르크스주의 중에서도 양질의 부분은 확실하게 흡수하여 창가학회 사상 속에서 살린 것이다.

한 가지 예를 더 들겠다. 마르크스의 「포이에르바하에 관한 테제 Thesen über Feuerbach」라는 초고에 "철학자들은 세계를 다양하게 해석한 것에 불과하다. 중요한 것은 세계를 바꾸는 것이다"라는 유명한 구절(제11 테제)이 실려 있다. 이 구절도 창가학회의 '인간혁명' 이론과 상당히 흡사하지 않은가?

"'세계는 이러하다'고 해석만 하는 철학은 아무런 쓸모가 없다. 세계를 바꾸는 현실적인 힘이 되어야 진정한 철학이고 사상이다"라고 마르크스는 생각한 것이다. 한편 창가학회에는 "마음의 평온만을 주는 종교로는 불충분하다. 진정한 종교는 숙명을 바꾸는 힘이 되지 않으면 안 된다. 그리고 개인의 숙명 전환이 축적되어야 인류 전체의 숙명 전환을 이룩할 수 있는 것이다"라는 그야말로 '종교로 세상을 바꿔 인류를 행복하게 만들자'라는 이상이 있다.

이러한 근본적인 지향성을 두고 보았을 때 창가학회와 마르크스주의에는 공통점이 있다.

그렇다고 실제로 마르크스주의·공산주의가 세계를 좋은 방향으로 바꾸었는가 하면 오히려 정반대다. 이러한 부정적인 측면도 확실하게 직시하여야 한다. 그러나 부정적인 측면이 있더라도, 전 세계 사람들을 그토록 열광시킨 사상에는 역시 부분적으로 진리가 있고 배울 점도 있는 법이다.

모든 사안에 대해 언제나 시시비비를 가려야 한다. '시시비비'란 중국 전국시대의 사상서 『순자』에 나오는 "옳은 것을 옳다고 하고 그른 것을 그르다고 하는 것이 지혜이고, 옳은 것을 그르다고 하고 그른 것을 옳다고 하는 것이 어리석음이다"에서 유래한 말이다. 자신의 입장에 사로잡히지 않고 옳은 것은 옳다고 인정하고 그른 것은 그르다고 인정하는 것을 말한다. '공산주의는 창가학회와 양립 불가능하니까'라고 덮어두고 모조리 부정하는 것은 시시비비하는 자세가 아니다.

이는 종문과의 관계에서도 마찬가지이다. 종문과 창가학회가 결별하였다고, 후지산 유파의 유산(일련정종의 총본산 사찰이 후지산 인근에 위치하는 것에 빗대어서 한 표현-역자 주)을 모두 저버릴 필요는 없다. 또 창가학회가 니치칸日寬(에도시대의 일련정종 법주로 '정종 중흥의 아버지'로 불린다) 교학의 재검토를 주장한다고 하여 『육권초六巻抄』를 비롯한 니치칸 교학 전부를 부정하는 것은 아니다.

'남겨야 할 점은 남기고 이어받아야 할 점은 이어받는다'는 냉정한 시시비비의 자세로 임하는 것이 창가학회이다.

후지시로 다이조 교수님과의 추억

오늘은 내가 쓴 해설을 추가하여 문고판으로 출간한 후지시로 다이조藤代泰三 교수님의 『그리스도교 역사キリスト教史』(고단샤학술문고〔講談社学術文庫〕)에 대해 다루겠다. 나에게 이 책은 무척 추억이 깊은 책이다. 후지시로 다이조 교수님은 도시샤대학교 신학부와 대학원 신학연구과에서 그리스도교 역사를 오랫동안 가르친 역사 신학자이다.

『그리스도교 역사』는 후지시로 교수님의 대표작이다. 나도 도시샤대학교 신학부 재학 시절, 상자에 담긴 하드커버 책 형태로 발행된 따끈따끈한 신간으로 이 책을 읽고 처음으로 그리스도교의 전체적인 상을 파악할 수 있었다. 또 후지시로 교수님이 지도하는 소인수 수업에도 참가하여 깊이 있는 지도를 받았다.

이 책과 관련된 추억은 이뿐만이 아니다. 대학원생 시절, 이 책의 제2쇄가 간행되었을 때는 후지시로 교수님의 부탁을 받고 제1쇄의 오기·오식 체크와 색인 정리를 도왔다. 그래서 이 책의 서문에는 다음과 같은 구절이 나온다.

> "제2쇄에서는 제1쇄 본문과 참고 문헌의 오자를 정정하고, 그 외에 약간의 보완 및 정정을 하였다. 색인도 오자를 정정하고 상당히 보정하였다. 색인 정리는 도시샤대학교 대학원에 당시 재학 중이던 사토 마사루 군이 도와주었다. 이 자리를 빌려 감사를 표하고 싶다."
>
> (『그리스도교 역사』, 후지시로 다이조, 고단샤학술문고, 2017년, 5~6쪽)

나에게 이 책은 그리스도교 역사를 이해하는 토대가 되어준 책이며 동시에 잊을 수 없는 은사 중의 한 분인 후지시로 다이조 교수님과의 추억이 깃든 이중의 의미로 소중한 책이다.

그뿐만 아니라 여러분이 그리스도교 역사를 배워나가는 데도 무척 유의미한 한 권이 될 것이다. 왜냐하면 그리스도교 세계종교화의 흐름을 조감하기에도 좋은 책이기 때문이다. 장차 저마다의 입장에서 창가학회의 세계종교화를 짊어질 여러분이 알아두어야 할 내용이 도처에 아로새겨진 서적이다.

특히 이 책에서는 꽤 많은 쪽을 할애하여 일본 그리스도교 역사를 그리스도교 역사라는 큰 틀에서 재조명하고 있어서 일본인의 시점으로 그리스도교를 생각할 때도 도움이 많이 된다.

이번에는 이 책의 주요 부분을 여러분과 함께 읽으며 창가학회에 대해 생각해보려 한다.

'유형론'으로 창가학회를 파악하다

후지시로 교수님의 『그리스도교 역사』의 중요한 특징은 '유형론'으로 그리스도교 역사를 파악하였다는 점이다. 「서론」에서부터 해당 부분을 인용해보겠다.

> "나는 그리스도교 역사 전체의 흐름을 유형론으로 파악하고자 한다. 유형론이란 역사적 현상에서 어떠한 사안 자체의 본질을 파악하고자 하는 것이다. 예를 들어 우리가 그리스도교의 본질이나 또는 예수의 복음을 파악하려고 이를 역사를 떠나서 추상적으로 고찰하면 건조하고 공허한 내용이 담긴 결과가 나오고 말 것이다. 이는 역사적 현상 속에 그리고 역사적 현상과 함께 있어야 빛을 발한다고 생각하기 때문이고, 바로 여기에 유형론의 의의가 있다.
>
> 나는 그리스도교 역사 유형을 다음과 같이 파악한다. 그리스 유형, 라틴 유형, 로마 유형, 게르만 유형, 앵글로색슨 유형, 아시아 유형이다."
>
> (앞의 책, 39~40쪽)

이 부분에 이어서 후지시로 교수님은 "유형이란 어떤 민족의 수백 년 또는 수 세기에 걸친 그리스도교에 대한 이해에 기반하여 성립되는 것"이라고 설명한다. 즉 그리스도교라는 종교를 수용하고 그로부터 긴 세월이 흐르면 그 땅의 민족적, 문명적, 문화적 특성에 맞추어 독자적인 '유형'이 형성된다는 말이다.

여기서 말하는 '유형'이란 에도막부의 그리스도교 탄압으로 생겨난 '몰래 숨어서 그리스도교를 신앙한 사람들'이 이윽고 교의를 변형시켜 '마리아 관음'으로 상징되는 이질적인 신앙을 만들어냈다…는 부류를 말하는 것이 아니다. 그리스도교 교의의 본질적이며 보편적인 면을 제대로 계승하더라도 교의를 이해할 때는 역시 독자성이 발생한다는 의미로 '유형'이라고 하는 것이다.

그리고 후지시로 교수님은 세계 각 지역에서 생겨난 그리스도교의 유형이 서로 배척하는 게 아니라 오히려 "상호 보완하며 상호 심화시켜주는" 성질을 가지고 있다고 기술하였다.

이 시점에서 또 평소처럼 아날로지를 활용하여 이 '유형론'을 창가학회에 적용해보겠다.

그리스도교가 세계종교화하는 과정에서 "그리스 유형, 라틴 유형, 로마 유형, 게르만 유형, 앵글로색슨 유형, 아시아 유형" 등이 생겨난 것처럼 각국에 SGI가 정착되고 긴 세월이 흐르면 틀림없이 여러 가지 '유형'이 생겨날 것이다.

하물며 일찍이 그리스도교에 '유형'이 생겨난 세월보다 훨씬 짧은 기간 내에 생겨날 것이다. 그리스도교 유형이 생겨나기까지 수백 년의 역사가 필요하였던 것은 교통망과 정보 전달 기술이 발달되지 않은 시대였기 때문이다.

멀리 바다를 건너고 산을 넘는, 목숨을 건 선교가 긴 세월 동안 지지부진하게 진행되었고 수용 과정도 지금보다 훨씬 느리게 이루어진 탓에 수백 년이라는 단위로 유형이 생겨난 것이다.

이에 반해 21세기 글로벌 시대에는 각국의 상호 왕래가 비교가 안 될 만큼 활발하게 매일 이루어지고 정보 전달도 인터넷 등을 통하면 눈 깜짝할 사이에 이루어진다. 그러므로 필시 수십 년 단위로 하나의 유형이 생겨날 것이다.

따라서 창가학회의 세계종교화는 다양한 유형 형성을 전제로 진행하여야 한다.

이는 예시이지만, 인도에는 '인도 유형' SGI가 생기고, 한국에는 '한국 유형' SGI가 생길 것이다. 그 밖에 '홍콩 유형', '미국 유형', '이탈리아 유형' 등 다수의 유형이 생겨날 것으로 예상된다.

즉 '아시아 유형', '유럽 유형'과 같은 큰 카테고리가 아니라 국가별, 지역별로 유형이 생겨날 것이다. 그리스도교에 유형이 생겨난 시대와 달리 고도 정보화 사회이기에 나타나는 현상이다.

다만 이것이 중요한 포인트인데, 유형은 다르더라도 어떤 나라의 SGI든 근본 교의는 동일하고 보편적일 것이다. 국가마다 근본 교의가 다르면 세계종교가 아니므로 당연한 이야기이다.

세계종교로서 창가학회는 국가별로 다른 문화 토양의 '특수성'을 존중하며, 근본 교의라는 '보편성'을 공유하는 형태로 발전해나갈 것이다.

바꾸어 말해 세계종교에서 '보편성'이란 전 세계의 모든 국가를 동일한 한 가지 색으로 물들이는 것이 아니다. 공통된 보편성을 근간에 가지고 있으면서도 각국이 고유의 문화를 유지한 채 다른 색의 꽃을 피우는 것, 그야말로 벚꽃, 매화, 복숭아꽃, 자두꽃이 저마다 개성이 있고 여러 가지 꽃이 한데 어우러질 때 더욱 아름답듯이, 세계종교에는 그러한 모습이 어울린다. 세계종교화를 내다보고 제정한 창가학회의 '회헌'이 바로 그 근간의 보편성을 담보할 것이다.

'회헌'에 정해진 3대 회장을 '영원한 스승'으로 삼는다는 결코 양보할 수 없는 근본의 동일성 같은 것들을 유지하되 그 이외의 부분에서는 각국의 문화를 존중한다는 자세로 임하기에 각국 SGI에 각각 유형이 생기는 것이다.

회헌을 다시 한 번 찬찬히 읽어보길 바란다. 회헌에는 일본인에게만 통할 법한 '특수 일본적'인 것이 하나도 적혀 있지 않다. 왜냐하면 회헌은 전 세계 SGI의 공통 기준을 정한 것이기 때문이다. '각국 SGI가 공통적으로 존중해야 할 근본 가르침이란 무엇인가?'가 회헌에 담겨 있다. 그러므로 일본 문화와 결부되는 특수한 것이어서는 안 된다.

게다가 회헌 11조의 "4. SGI와 구성 단체 및 회원은 그 활동을 추진함에 있어서 각국·지역의 법령을 준수하고, 또 수방비니의 정신에 입각하여 문화와 풍습을 존중한다"는 구절을 통해 국가별 문화를 존중할 것, 바꾸어 말해 '원래 있던 문화를 파괴하는 형태로 포교하여서는 안 된다'는 대원칙을 드러냈다.

세계종교이기 때문에 '유형'이 생긴다

후지시로 교수님은 그리스도교의 유형은 "상호 보완하며 상호 심화시켜주는" 성질을 가지고 있다고 지적하였다. 이는 창가학회의 미래에도 해당하는 말이다.

장래에 SGI 각국에 토착 문화와 결합된 유형이 생겨나더라도 이는 일본 창가학회와 각국 SGI의 유대를 약하게 만드는 요소로 작용하지 않을 것이다. 오히려 반대로 각국 SGI가 토착 문화를 유지한 채 유형을 형성하기 때문에 상호 보완하며 상호 심화시킬 것이다.

현시점에서도 각국 SGI가 일본 창가학회로부터 다양한 것을 배우는 것처럼 일본 창가학회원도 각국 SGI로부터 많은 것을 배울 것이다.

예를 들어 많은 나라의 SGI 조직이 지금은 그야말로 여명기에 있다. 강물의 흐름에 비유하자면 강의 발원지 가까이에 있는 계곡이고, 그렇기에 격정적으로 활동하는 면이 있다. 한편 일본 창가학회는 초창기의 치열한 '토대 건설의 시대'를 끝내고 지금은 강물에 비유하자면 하구 근방의 강물처럼 느긋하게 흐른다.

그러하기에 각국 SGI의 활동 상황이 『세이쿄신문』 등에 실릴 때 또는 광선유포 대서원의 전당을 방문하기 위해 일본을 찾은 SGI 멤버와 직접 만날 때 그로부터 많은 것을 배우게 될 것이다.

'아아! 할아버지와 할머니한테 들은 초창기 창가학회의 투쟁은 이런 느낌이었겠구나. 우리도 질 수 없지!' - 이런 식으로 느끼고 분발하기도 할 것이다.

이상에서 말한 것은 다른 SGI 조직으로부터 '배움'을 얻을 수 있는 극히 소소한 일례에 불과하다. 장래에 각국 SGI에 유형이 생겼을 때 이와 같은 '배움'의 기회가 온갖 면에서 생길 것이다. 이것이 바로 "상호 보완하며 상호 심화시켜주는" 관계이다.

창가학회 측에서는 현재 이와 같은 유형론적인 견해를 겉으로는 드러내고 있지 않다. 하지만 후지시로 다이조 교수님으로부터 직접 유형론을 배운 나의 눈에는 회헌 제정의 배경에 이와 같은 유형론적인 관점이 틀림없이 있는 듯하다.

바꾸어 말해 창가학회가 세계종교화를 본격적으로 추진함으로써 그리스도교 역사를 해석하던 유형론을 드디어 SGI에도 적용할 수 있게 되었다는 뜻이기도 하다. 도다 제2대 회장 시대까지는 창가학회가 일본에만 있었기 때문에 유형론에 입각하여 생각할 필요도 없었다.

또 창가학회 이외의 기성 불교 각파도 이와 같은 유형론적인 관점하고는 인연이 없었다. 왜냐하면 불교는 인도에서 전 세계로 퍼져나갔다고는 하나, 확실하게 정착된 것은 동아시아와 동남아시아뿐이기 때문이다.

즉 동아시아 혹은 동남아시아라는 한 종류의 틀 내에 머물러 있기 때문에 그 틀의 외부를 의식할 필요가 없었다. 틀을 넘어서 세계로 퍼져나간 불교는 결국 창가학회뿐이다. 내가 "기성 불교는 엄밀하게는 세계종교라고 할 수 없다. 창가학회가 불교의 첫 번째 세계종교이다"라고 한 이유 중의 하나가 이것이다.

바꾸어 말해 하나의 문화 유형 틀 내에 머무르는 게 아니라 다른 문화를 지닌 국가별, 지역별로 유형이 생겨나야 진정한 세계종교라고 할 수 있는 것이다.

제4장에서 "이슬람교의 주류파인 수니파는 네 개의 법학파로 나뉜다"는 이야기를 한 것을 기억할 것이다. 터키에 많은 '하나피파', 이집트·튀니지·리비아에 많은 '말리키파', 인도네시아와 러시아의 북코카서스에 많은 '샤피파', 그리고 아라비아반도에 많은 '한발리 법학파'의 네 가지이다.

네 법학파는 각 지역에 뿌리내리고 있다. 즉 네 법학파는 각각이 하나의 유형이다. 이처럼 여러 다른 유형을 형성하고, 지역 문화와 나눌 수 없게 결부되어 발전하였으므로 이슬람교는 틀림없는 세계종교이다.

그리고 후지시로 교수님의 『그리스도교 역사』를 숙독하면 여러분도 이와 같은 유형론적인 관점을 가지게 되어 창가학회의 세계종교화를 한층 깊이 이해하게 될 것이다.

한 가지 더 주의하여야 할 점이 있다. 지금 말한 유형론은 상하관계나 히에라르키Hierarchie(피라미드형 계층 조직)를 만들어내려는 게 결코 아니라는 것이다. 즉 '일본 창가학회가 제일 위에 있고 그 아래에 각국 SGI가 종속된 형태'가 아니다. 일본 창가학회와 각국 SGI

의 관계는 히에라르키가 아니라 리좀(뿌리줄기)적인 네트워크이다.

앞으로 각국 SGI는 고유의 문화를 존중하고 삼대회장론 등의 공통 기반을 굳건히 유지하며 유형으로 발전해나갈 것이다. 그러하기에 각국 SGI는 평등한 형태로 나란히 서서 서로 배우고 서로 신심을 깊게 해나가는 관계가 될 수 있는 것이다.

이러한 점에서도 SGI는 가톨릭보다 프로테스탄트에 가깝다고 할 수 있다. 가톨릭은 바티칸이라는 정점이 있는 히에라르키 구조를 하고 있기 때문이다.

그건 그렇고, 나는 이 특별 강좌에서는 일관되게 그리스도교 역사를 통한 아날로지(유추)로 창가학회를 논하고 있다. 여러분이 『그리스도교 역사』를 숙독하면 내가 이러한 방법론을 후지시로 교수님으로부터 배웠음을 알게 될 것이다. 예를 들어 이 책에서 선생님은 다음과 같이 말하였다.

"여기에서 주의하고 싶은 점은 그리스도교 이외의 종교를 신앙하는 자도 그리스도교 정신사精神史에 담긴 역사적 사실과 그 해석에 신앙 아날로기아, 즉 신앙 유추로 접근할 수 있을 것이고, 그리스도교 정신사에 대한 이해도 가능하리라는 것이다. 그리고 이는 그리스도교도가 아닌 다른 종교, 예를 들어 불교를 이해할 때도 할 수 있는 말이고, 그렇기 때문에 나중에 언급할 그리스도교 정신사에 나타나는 아시아 유형 중의 하나로 일본 유형이 생겨날 수 있었던 것이다."

(앞의 책, 37~38쪽)

그리스도교도인 내가 창가학회와 이케다 회장에 대해 논하는 것을 탐탁지 않게 여기는 사람도 세상에는 있을 것이다. 하지만 대학 시절과 대학원 시절 내내 후지시로 교수님에게 가르침을 받은 나에게는 '그리스도교를 깊이 이해한 자는 아날로지로 다른 종교도 깊이 이해할 수 있다'는 강한 확신이 있다.

바꾸어 말해 '자신의 지반을 깊이 파면 타자와 세계를 널리 이해할 수 있게 된다'는 말이다. 즉 이 특별 강좌의 근저에 있는 것도 사실 후지시로 교수님으로부터 받은 가르침이다.

'박해→여당화→종교개혁'의 코스

후지시로 교수님의 『그리스도교 역사』에는 이 밖에도 여러분이 배울 만한 점이 많다. 그리스도교 역사에 대해 배울 수 있을 뿐 아니라 그를 통해 창가학회에 대한 이해도 깊어진다.

과거에 그리스도교는 로마제국에서 박해를 받았다. 박해를 극복한 끝에 로마의 국교가 되어 '여당화'하였고, 그 후 중세에 이르러 종교개혁이 일어났다. 『그리스도교 역사』를 읽고 그 프로세스를 깊이 공부하면 아날로지로 창가학회의 역사도 한층 깊이 이해할 수 있다.

예를 들어 「로마제국과 교회의 싸움」이라는 장을 읽으면 그리스도교가 어떻게 박해당하였는가를 자세하게 알 수 있다. 거기에서 다음과 같은 구절이 나온다.

"248년에 로마시의 천년기념제를 거행하여 고대 로마의 부흥을 축하하였고 로마의 종교를 존중하였다. 그 이듬해에 로마인 데키우스Decius(재위 249~251년)가 황제가 되었다. 이때에 교회는 대단히 조직화되어 있었고 국가 안의 국가로 여겨질 만큼 유력한 존재가 되어 있었다. 데키우스는 칙령으로 모든 지역 주민에게 신에 대한 희생과 봉헌을 명하였고 위반한 자에게는 가혹한 형벌을 내렸다. 그 결과 그는 250년(또는 249년)에 최초의 전국적인 그리스도교도 박해를 명하였다."

(앞의 책, 136쪽)

그리스도 교회는 "국가 안의 국가로 여겨질 만큼 유력한 존재가 되어 있었다"라는 구절에 주목하길 바란다. 그리스도교는 무력해서 박해당한 게 아니라 반대로 로마제국 내에서 큰 영향력을 가지고 있었기 때문에 탄압당한 것이다.

창가학회도 마찬가지이다. 전후에 '절복 대행진(도다 제2대 회장의 지휘하에 회원 75만 세대 달성을 목표로 1951년부터 추진한 대규모 포교 활동-역자 주)'으로 세력을 확대하였고, 또한 선거에 독자 후보를 세워 정계에 진출하였기 때문에 1957년에 '오사카 사건(1957년에 일어난 공직선거법 위반 사건. 창가학회 진영이 담배 등으로 유권자를 매수하였다는 이유로 수십

명의 학회원이 체포·기소되었다-역자 주)'이라는 형태로 탄압이 일어나 청년 간부 시절의 이케다 회장이 체포돼 구류된 것이다(후일에 재판에서 무죄 확정을 받음).

로마 황제가 '최초의 전국적 그리스도교도 박해' 명령을 내린 때로부터 약 60년 후에 콘스탄티누스대제가 그리스도교에 대한 '관용령'을 발표하였고, 그리스도교는 처음으로 종교의 자유를 얻었다. 소위 말하는 '밀라노 칙령'이 이것이다. 이후 그리스도교는 점점 '여당화'되었다.

요컨대 종교의 영향력이 커지면 국가로부터 박해를 받지만, 그 영향력이 더욱 커지면 어느 시점에서 박해가 멈추고 '여당화'된다.

창가학회의 경우에는 공명당이 자유당과 연립정권을 구성한 시점을 '여당화'의 메르크말(지표)로 보면, '오사카 사건'부터 자유당·공명당 연립정권 탄생까지 42년이 걸렸다. 억지로 관련 지을 필요는 없겠으나 로마제국의 그리스도교 박해부터 공인까지도 대략 비슷한 시간이 소요되었다. 즉 시대는 많이 다르더라도 국가의 박해를 받다가 '여당화'된 흐름은 동일하다.

그렇다면 여당화에서 성직자의 부패 타락으로, 그리고 종교개혁으로 넘어가는 흐름은 어떨까? 이 역시 큰 틀에서 보면 여러 가지 공통항이 있다.

로마제국이 그리스도교를 공인한 이후 흐름에 대해 『그리스도교 역사』에는 다음과 같이 기술되어 있다.

"이제는 교회에 대중이 쇄도하게 되었으나, 교회는 그들을 진정으로 내면에서부터 그리스도교화하지 못하였고, 그리스도교도의 윤리 생활은 저하되었다. 교회는 교회 내에 대두한 이교에 대처하여야 하였고, 또 별안간 국가, 법, 경제, 사회, 가정, 교육, 결혼, 학문, 공예, 윤리에 관한 그리스도교적인 견해가 요구되었다. 교회에 대한 콘스탄티누스의 간섭으로 교회는 권력과 부와 결합하게 되었지만, 이 일이 나중에 교회에 타격을 주게 되었다. (중략) 교회에 입장하기 용이해진 것이 아니라, 380년에 선포된 테오도시우스 칙령에 의하면 정통 신앙은 신민으로서의 충성과 완전히 일치하며, 사람들은 좋든 싫든 교회에 가입하여야 하였다. 교회에 대한 콘스탄티누스의 간섭은 비판받아야 할 점이 많으나, 이 경우에는 교회 측에도 책임이 있다. 왜냐하면 단순한 교회의 외적 확대는 내적 쇠퇴의 시작이기 때문이다."

(앞의 책, 138쪽)

그리스도 교회가 공인을 받아 '교회에 소속되는 편이 이득이다'라고 여기게 되자 물집이 부풀어 오르듯이 신도가 늘어났다. 그 결과 "그리스도교도의 윤리 생활은 저하"되었다. 즉 득실에 대한 계산만으로 그리스도교도가 된 불순한 패거리와 출세주의자가 교회로 대거 들어온 것이다.

하물며 그 후 오랜 세월 동안 '그리스도교 이외의 종교는 일절 인

정하지 않는다'는 체제가 유럽에서 계속되었다. 그 결과 성직자의
부패와 타락이 진행되었다. 세속 권력과 결탁하여 사리사욕을 채
우기 위해 재물을 축적하였고, 전쟁을 즐기는 성직자가 나타나기
도 하였다…. 15세기 전후로 성직자의 부패는 극에 달하였다. 그
결과 보헤미아의 얀 후스Jan Hus를 선구로 하여 종교개혁이 시작되
었고, 16세기에는 루터와 칼뱅 등이 개혁 운동에 나섰다.

이에 비하면 스케일이 작지만, 일련정종 승려들의 부패와 타락에
도 대단히 흡사한 면이 있다. 약소하고 가난한 종파였던 일련정종
은 전후 창가학회의 발전과 함께 점점 경제적으로 부유해졌고, 그
결과 승려들이 사치와 유흥에 눈을 떴다. 그리고 승려들의 부패가
극에 달하였을 무렵, 제2차 종문 사건이 일어나 종문과 창가학회가
결별하기에 이르렀다. 이 때문에 승려가 주관하지 않는 장례식인
'우인장'을 하는 등 창가학회가 '헤이세이 시대(1989~2019년-역자 주)
의 종교개혁'이라고 부르는 일련의 개혁에 착수한 것이다.

이와 같이 『그리스도교 역사』에는 곳곳에 창가학회가 걸어온 길
과 아날로지가 성립되는 부분이 있다. 그래서 여러분도 정독하길
바라는 것이다.

덧붙여 말하자면 세계종교의 '여당화'란 꼭 '각국의 여당과 결부
되는 것'을 의미하지는 않는다.

과거에 그리스도교는 유럽 많은 나라의 '국교'였다. 지금은 정교
분리가 이루어졌기 때문에 당연히 '국교'가 아니다. 그래도 21세기
현재에도 유럽과 미국에서 그리스도교는 여전히 '보이지 않는 국

교'이다. 즉 법제도적으로는 국교가 아니지만 구미인의 가치관 근저에는 그리스도교가 있는 것이다. 그러한 의미에서 그리스도교는 지금도 유럽과 미주에서 '여당적 지위'를 유지하고 있는 셈이다.

세계종교의 '여당화'에는 이와 같은 형태도 있다는 것을 기억해두길 바란다.

제 6 장
에큐메니즘
- 종교 간 대화의 사상

'원수폭(원자폭탄과 수소폭탄) 금지 선언'이라는 원점

소카대학교 캠퍼스에 있는 '건학비'에는 창립자 이케다 다이사쿠 선생님의 '건학 정신'이 새겨져 있다. 여러분은 아마도 암송할 수 있겠지만, "인간 교육의 최고 학부가 되어라", "새로운 대문화 건설의 요람이 되어라", "인류의 평화를 지키는 포트리스(요새)가 되어라"라는 세 문장이다.

마지막 문장, "인류의 평화를 지키는 포트리스(요새)가 되어라"는 북한이 일본을 향해 핵미사일을 쏠지도 모르는 상황(강좌 당시)인 만큼 요 몇 년 사이에 한층 묵직하게 다가온다.

소카대학교 졸업생은 당연한 이야기지만 온갖 분야에서 활약하고 있다. 국제연합 기관의 직원이 되어 세계 평화를 위해 직접 진력하고 있는 사람도 있을 것이다. 하지만 대부분은 언뜻 보기에는 세계 평화와 직접적으로 관련이 없는 일을 할 것이다. 그래도 어떤 일을 하든 소카대학교 졸업생은 모두 '인류의 평화를 지키겠다'는 마음가짐을 잃지 않길 바란다…. 이케다 선생님이 '건학 정신'에 담은 마음은 그런 것이리라.

인류의 평화를 지키기 위해 해야 하는 가장 중요한 과제는 핵무기 폐기이다. 그리고 이는 평화 단체로서 창가학회가 고민해보아야 하는 큰 주제이기도 하다.

나는 2017년 4월에 초청을 받고 창가학회 가나가와평화회관에 가서 〈창가학회에서 고동치는 평화와 정의의 마음〉이라는 강연을 하였다. 2017년이 도다 조세이 제2대 회장이 '원수폭 금지 선언

(1957년 9월 8일)'을 한 지 60주년이 되는 역사적인 기념일이어서 한 강연이었다. 가나가와는 이 선언이 이루어진 곳이기도 하다.

이 강연에서 나는 다음과 같이 말하였다.

"원수폭 금지 선언에는 다른 반핵 선언문과는 다른 중요한 특징이 두 가지 있습니다. 하나는 다음 세대를 짊어질 청년들에게 '핵무기는 절대 악이라는 사상을 세상에 널리 알리는 것이 그대들의 사명이다'라고 호소한 선언이라는 것. 다른 하나는 광선유포를 목표로 한 활동의 일환이라는 것. 즉 단순한 정치 운동으로서의 반핵이 아니라 여러분 일상의 신앙 싸움의 일부였다는 점이 큰 특징입니다. 북한의 핵 문제가 계속 심각해지고 있는 지금, 이데올로기의 틀을 넘어서 '핵무기에 대한 절대적 반대'를 누구보다 먼저 호소한 원수폭 금지 선언의 중요성이 점점 커지고 있습니다.

불안정하며 자칫하면 평화로운 시대가 끝날 수 있는 국제 사회 속에서 우리는 지금 살고 있습니다. 그러한 리얼리즘에 입각하여 일본은 어떻게 평화를 유지해나가면 좋을 것인지를 생각하여야 합니다.

이러한 상황 속에서 도다 회장님의 원수폭 금지 선언이 한층 광채를 발하는 것은 그 선언이 '인간의 마음을 바꾸는 것에서부터 평화 구축을 해나가려고 하는 것'이기 때문입니다.

도다 회장님은 한 사람 한 사람의 마음에 평화의 씨앗을 뿌

리는 것에서부터 핵무기 폐기라는 먼 목표를 향해 걸어나가
기 시작하였습니다. 그렇기 때문에 근원적이며 역사적인 선
언인 것입니다. 핵무기 문제를 '억제 논리'나 '힘의 논리'만으로
해결하려 하는 것은 대단히 위험한 일인 만큼 인류를 파괴의
연못으로 몰아넣을 수도 있습니다. 현재의 북한 문제처럼 일
촉즉발의 위기가 닥쳤을 때야말로 안전 보장의 논리, 국가의
논리와는 다른 위상에서 사람의 마음에 평화를 쌓아가려는
자세가 중요합니다."

(「창가학회의 세계종교화와 '원수폭 금지 선언'創価学会の世
界宗教化と'原水爆禁止宣言'」, 『우시오』 2017년 7월호, 사토 마사
루, 197~199쪽)

도다 회장이 원수폭 금지 선언을 발표하였을 무렵은 동서 냉전이
한창 진행 중이던 때였다. 그래서 당시에 많은 핵무기 반대 운동은
이데올로기의 족쇄를 찬 어중간한 것이었다. 예를 들어 '소련의 핵
실험은 지지하지만, 미국의 핵실험에는 반대한다'는 입장을 취한
일본 혁신 정당도 있었다. 바꾸어 말해 '소련의 핵무기는 좋은 핵무
기이고, 미국의 핵무기는 나쁜 핵무기'라고 여기는 태도였다. 핵무
기에 대한 이중적인 기준이다.

그와 같은 상황에서 도다 회장은 선언 속에서 어느 나라가 사용
하든 핵무기는 절대 악이며 인류에 대한 범죄라며 신랄하게 비판
하였다. 이는 시대를 한참 앞선 행위였다.

도다 회장은 선언에 앞서 "여러분에게 앞으로 유훈으로 남기고 싶은 가장 중요한 이야기를 오늘 발표하겠습니다"라고 말하였다. 그리고 선언을 통해 "핵무기는 절대 악이라는 사상을 세상에 널리 알려주길 바란다. 그것이야말로 창가학회의 사명이다"라며 그곳에 모인 청년들에게 뒷일을 맡겼다. 젊은 시절의 이케다 다이사쿠 제3대 회장도 그 자리에 있던 청년 중의 한 명이었다는 것은 말할 필요도 없다.

이케다 회장은 제3대 회장이 된 후 중요한 평화 행동에 나설 때면 날짜를 원수폭 금지 선언이 이루어진 9월 8일로 하곤 하였다.

예를 들어 '중·일 제언'으로 알려진 중·일 양국의 국교 정상화 실현을 호소하는 제언을 발표한 날이 1968년 9월 8일이다. 또 이케다 회장이 구소련을 처음으로 방문한 것도 1974년 9월 8일이다. 이는 우연이 아니다. '원수폭 금지 선언의 정신을 이어받아 세계 평화를 위한 행동으로서 하는 것이다'라는 뜻을 표명하기 위해 일부러 같은 날을 선택한 것이다. 이케다 회장 본인도 다음과 같은 글을 썼다.

"내가 1968년에 '중·일 국교 정상화' 제언을 발표한 날도, 또 1974년에 중국에 이어서 구소련을 처음으로 방문한 날도, 이 '원수폭 금지 선언' 기념일인 9월 8일이었습니다."
(『이케다 다이사쿠 전집』110권, 2004년, 312쪽)

바꾸어 말해 원수폭 금지 선언이야말로 창가학회 평화 운동의 최대 원점이라고 하겠다.

'ICAN'의 노벨 평화상 수상이 가지는 의미

핵 폐기를 향한 흐름 중에서 중요한 메르크말(지표)이 되는 사건이 2017년에 일어났다. 핵무기 금지조약 제정을 목표로 계속해서 캠페인을 펼쳐온 'ICAN(핵무기 폐기운동)'이 노벨 평화상을 수상한 일이다.

SGI는 ICAN 국제 파트너 중의 하나이다. ICAN 측의 요청으로 파트너가 된 것이다. 2007년에 ICAN이 설립되고 곧 설립 멤버 중의 한 사람이자 당시 의장이던 틸먼 러프Tilman Ruff 박사가 창가학회 본부를 방문하여 국제 파트너가 되어달라고 SGI에 요청하였다. 박사는 『세이쿄신문』 2017년 12월 16일자 기사에서 다음과 같이 코멘트하였다.

"ICAN을 설립하였을 때 SGI와 협력하고 싶다고 생각한 것은 자연스러운 일이었습니다. 다양한 사람으로 구성된 글로벌 연대와 공헌이란 ICAN의 목표를 SGI가 실현하고 있었기 때문입니다."

사실 ICAN 설립 전에 일시적으로 핵무기 폐지 운동은 전 세계적으로 긴 정체기에 빠져 있었다. 평화 운동에 종사하는 사람들의 관심이 환경 문제 등으로 옮아갔고, 다른 한편으로는 핵 군비 축소와 관련된 움직임들이 계속해서 실패하였기 때문이다. 예를 들어 2005년 5월에 NPT(핵확산 금지조약) 재검토 회의는 아무런 성과를 내지 못한 채 폐회하였고, 같은 해 9월 국제연합 총회의 수장 회합 성과 문서에서는 핵무기에 관한 언급이 보류되었다.

이와 같은 상황을 심각하게 본 이케다 회장은 이듬해 2006년 1월 26일에 발표한 제31회 'SGI의 날' 기념 제언에서 2010년까지의 5년간을 핵무기 폐기의 흐름을 다시 만들 "중요한 도전의 때"라며 뜻이 같은 전 세계 사람들에게 함께 싸워달라고 호소하였다.

그 제언에 호응하듯이 이듬해에 ICAN이 설립되었고, 이를 기점으로 세계 핵 폐기 운동이 재차 활발해지기 시작하였다.

ICAN 사무국장 베아트리체 핀Beatrice Fihn 씨는 설립부터 10여 년 동안 펼친 SGI와의 공동투쟁에 대해 다음과 같이 술회하였다.

"우리 ICAN에게 SGI는 가장 오래되었으며 일관된 태도를 보인 서포터 중의 하나입니다. 핵무기 금지와 폐기를 목표로 싸우는 데 헤아릴 수 없을 만큼 중요한 역할을 해주었습니다."
(『세이쿄신문』, 2017년 12월 13일자)

이러한 경위를 생각하면 'ICAN이 노벨 평화상을 수상한 것은 SGI가 수상한 것과 같다'고 하여도 결코 과언이 아니다. 원수폭 금지 선언을 한 때로부터 60주년이 되는 기념적인 해에 SGI도 참가한 ICAN이 노벨 평화상을 받았다는 것도 신비로운 시기적 일치이다. 이는 선언 후 60년 동안 이케다 회장이 세계 평화를 위해 진력한 활동들이 이와 같은 형태로 결실을 거둬 세상의 인정을 받은 것이기도 하다.

또 이러한 때 일본에서 공명당이 여당이었다는 것에도 큰 의미가 있다. 왜냐하면 연립 여당의 파트너인 자민당은 핵 폐기에 그다지 적극적이지 않기 때문이다.

2017년 10월에 ICAN의 노벨 평화상 수상이 확정되었을 때도 일본 정부는 아무런 코멘트도 발표하지 않았다. 왜냐하면 ICAN이 노벨 평화상을 받은 이유인 핵무기 금지조약에 일본은 서명하지 않았기 때문이다. 이 조약은 핵무기의 전폐와 근절을 목적으로 기초된 국제 조약이어서 미국과 중국 등의 핵보유국은 이에 반대한다. 따라서 미국의 '핵 우산' 아래에 있는 일본도 유일한 피해국임에도 서명하기 힘든 부분이 있었던 것이다.

또 자민당 의원 중 일부는 일본도 핵무장을 하여야 한다고 주장하기도 하고, 북한의 핵 문제에 대해서도 "북한을 선제 공격하여야 한다"며 극단적인 주장을 하는 사람도 있다. 그러한 사람들과 핵 폐기를 지향하는 공명당은 양립 불가능하다.

하지만 그러한 상황이기는 하나, 공명당이 연립정권의 일각을 점하고 있기 때문에 일본 정부로서도 ICAN의 수상에 반응하지 않을 수 없었다. 노벨 평화상 수상식에 맞추어 고노 다로河野太郎 외무장관이 축복의 담화를 발표하였다. 또『아사히신문朝日新聞』부터『산케이신문産経新聞』에 이르기까지 모든 전국지가 수상 소식을 보도하였다.『산케이신문』조차 이케다 회장이 ICAN에 축전을 보낸 것까지 보도하였다.

공명당이 여당이 아니었다면 ICAN 수상에 대한 일본 국내의 반응은 더욱 싸늘하였을 것이다. ICAN의 노벨 평화상 수상을 둘러싼 일련의 경위는 창가학회의 저력을 보여줌과 동시에 한번 정체되었던 핵 폐기 흐름을 다시금 강력하게 흐르게 한 사건이었다.

'핵 폐기 사상을 전파하겠다'는 사명

세상에는 "핵무기 폐기는 꿈속의 또 꿈이다. 절대로 불가능하다"며 시니컬하게 보는 사람도 있다. 확실히 나도 단순하게 인간의 선의나 성선설에 기대어 '언젠가는 핵을 폐기할 수 있겠지'라며 낙관할 수는 없다고 생각한다.

하지만 '핵 폐기는 불가능하다'고도 결코 생각지 않는다. 핵무기는 인간이 만든 것이므로 인간의 힘으로 봉인할 수도 있을 것이다.

예를 들어 다소 비약하는 듯하지만, 천연두에 대해 생각해보자.

천연두 바이러스가 일으키는 감염병인 천연두는 치사율이 무척 높아서 과거에는 인류를 멸망으로 몰아넣을 수 있는 무시무시한 질병이었다. 일본에서도 여러분의 할아버지와 할머니 시대까지는 여전히 심각한 질병이었다.

하지만 일본에서도 1955년에 퇴치되었고, 세계적으로도 1980년에 WHO(세계보건기구)가 '지구에서의 천연두 근절 선언'을 하였다. 천연두는 인류가 처음으로 박멸에 성공한 감염병이 되었다.

현재 천연두 균주는 제네바 WHO 본부와 모스크바, 워싱턴에만 있다. 만약 미국이나 러시아가 '천연두를 이용한 생화학무기'를 만들면 그 무기를 가진 군대는 적군에게 궤멸에 가까운 타격을 줄 수 있을 것이다. 왜냐하면 천연두 백신인 '종두'를 전 국민에게 접종시킬 수 있는 체제가 이제 그 어떤 나라에도 없기 때문이다. 하지만 미국이나 러시아가 설마 그런 어리석은 짓을 하지는 않을 것이다.

옛날에는 인류 멸망으로 이어질 수도 있었던 천연두라는 질병을 우리 인류가 봉인하는 데 성공한 것이다. 그런 인류가 핵무기를 봉인하지 못할 리가 없다.

핵무기 폐기라는 난제 중의 난제를 풀기 위해서는 정치권만의 노력으로는 부족하다. 세계 각국과 사회의 모든 곳에 생명을 존중하는 인간주의 사상을 가진 사람들이 늘어나 소위 '평화의 문화'가 세계에 뿌리내려야 한다. 이것이 이른바 핵 폐기 실현의 '충분조건'이다.

그리고 도다 회장이 원수폭 금지 선언에서 말한 핵 폐기 사상을 세계에 전파한다는 것이란 이러한 것이라고 생각한다. 핵 폐기를 중시하는 가치관을 지닌 사람들이 전 세계적인 네트워크를 구축하는 것. 창가학회가 지향하는 광선유포의 목적 중의 하나가 이것이다.

바꾸어 말해 창가학회에 핵 폐기는 단순한 '평화 운동 중의 하나'가 아니다. 이는 인류 공영의 광선유포라는 목적, 창가학회의 레종데트르(존재 이유)와 떼려야 뗄 수 없게 단단하게 연결되어 있다.

여러분이 앞으로 사회에 나가서 어떤 일에 종사하게 될지는 모르겠다. 하지만 어떤 직업을 선택하든 핵 폐기라는 사명을 항시 마음속에 간직하여야 한다. 그래야 "인류의 평화를 지키는 포트리스(요새)가 되어라"라는 소카대학교 '건학 정신'에 맞는 졸업생이라고 할 수 있지 않을까?

그리스도교 '에큐메니컬 운동'의 역사

이케다 회장은 과거 반세기 넘도록 일개 민간인으로서는 상상도 할 수 없는 공전의 스케일로 종교 간 대화를 해온 분이다. 대담집으로 정리된 것만 보더라도 그리스도교, 이슬람교, 힌두교, 유교 등 다른 종교를 가진 성직자, 지도자와 수많은 대담을 나누었다.

'종교 간 대화가 중요하다'고 보는 이와 같은 사고방식은 사실 그리스도교에서 생겨났다. 그리스도교의 '에큐메니컬 운동(세계 교회 일치 운동)'에서 생겨난 것이다.

제3장에서도 말하였지만, 그리스도교의 모든 교파에 공통되는 기본 문법적 성질을 가진 신조를 '에큐메니컬 신조'라고 한다.

'에큐메니즘'과 '에큐메니컬'은 같은 단어의 명사형과 형용사형이다. 일본어로 에큐메니즘은 '세계주의', '보편주의' 등으로 번역된다. 그리스도교 용어로 사용된 경우에는 '세계종교주의'로 번역된다. 따라서 '에큐메니컬'은 세계주의적, 보편주의적, 전 세계 규모적이라는 뉘앙스가 된다.

이 말은 '오이쿠메네Oikoumene'라는 그리스어에서 유래하였다. '오이쿠메네'는 '인간이 사는 모든 땅'이라는 뜻이다. 여기에서 변해 '전 세계 모든 그리스도교 신도들은 서로 다투지 말고 공존해나가자'는 뉘앙스로 '에큐메니즘'이라는 단어가 생겨났다. 가톨릭과 프로테스탄트가 오랜 시간 동안 피로 피를 씻는 전쟁을 반복해왔기 때문에 그 경험에서 얻은 교훈으로 생겨난 말이다.

그리고 이는 그리스도교의 세계종교화에 호응하여 시작된 운동이기도 하다. 왜냐하면 세계종교는 '자신들이 믿는 종교가 이윽고 전 인류가 믿는 종교가 된다'는 발상은 하지 않기 때문이다. 현실적으로는 하나의 종교가 전 인류를 통일하는 일은 불가능하다는 것을 잘 알기 때문에 세계종교가 될 수 있었던 것이다.

창가학회에서 말하는 광선유포도 전 인류가 한 명도 남김없이 니치렌 불법에 귀의하는 것을 최종 목표로 잡고 있지는 않을 것이다. 그런 일은 애초에 불가능하기 때문이다. 광선유포가 아무리 진행되더라도 니치렌 불법에 귀의할 수 없는 사람, 다른 종교를 계속 믿는 사람은 세계에 일정 수 반드시 존재한다는 그러한 전제를 깔고 있는 것이다. 그래서 다른 종교와 대화를 반복하며 평화롭게 공존하는 것이 세계종교에는 사활이 걸린 중요한 문제이다. 그리스도교도 마찬가지이다.

에큐메니컬 운동의 흐름에 대해서도 후지시로 다이조 교수님의 『그리스도교 역사』에 자세하게 설명되어 있다. 이 책의 「제5부 현대」의 「에큐메니컬 운동」이라는 장의 「서문」을 읽어보자.

"과거 400년 동안, 특히 최근 150년 동안 교회는 분열에 분열을 반복하였다. 교회의 분열은 성서에서 가르치는 교회 일치에 반하는 것이고 교회의 힘을 약화시킨다. 19세기에 여러 종파 내에서 일어난 교회 일치에 대한 요망은 선교사 사이에서 특히 격렬하게 나타났다. 선교사는 이교 민족 사이에 제 종파의 대립이 만들어내는 문제에 민감해져 이를 극복하지 않으면 안 되겠다고 생각하기 시작하였다.

이리하여 에큐메니컬 운동(세계 교회 일치 운동. 에큐메니컬이란 전 세계 규모적이라는 뜻)이 20세기에 들어 활발하게 전개되기 시작하였다."

(『그리스도교 역사』, 후지시로 다이조, 고단샤학술문고, 2017년, 549쪽)

여기에 씌어 있는 바와 같이 그리스도교의 에큐메니즘은 본디 그리스도교 각 교파의 대화와 공존을 도모하려고 한 것이다. 하지만 그 대화를 진행시켜나가는 과정은 상당히 험난하였다. 계속해서 『그리스도교 역사』에서 인용하겠다.

"1948년에 세계교회협의회가 창립되었다. 44개국의 147개
교회에서 대표자를 참석시켰지만, 로마 가톨릭교회와 보수적
프로테스탄트 그룹에 속한 곳, 러시아 정교회는 참석하지 않
았다."

(앞의 책, 554쪽)

이 단계에서는 전 세계에서 프로테스탄트 교회는 모였지만, 로마
가톨릭교회와 러시아 정교회는 전혀 참가하지 않았고, 프로테스탄
트 중에서도 보수적 교파는 불참하였다. 하물며 가톨릭은 참가하
지 않았을 뿐 아니라 로마 교황이 회의에 출석하는 것을 금지하는
'회칙(교황이 전 세계 가톨릭교회 사제에게 보내는 가톨릭 공문서)'을 발표하기
도 하였다.

"1948년 암스테르담 세계교회협의회 때는 회의를 개최하기
에 앞서 옵서버로서 출석할 것을 로마 가톨릭교회에 요청하
였지만, 교황이 계고령을 발표하여 모든 교회 합동 회의에 출
석하는 것을 금하였다. 가톨릭교회는 프로테스탄트들이 가톨
릭교회로 복귀하는 경우가 아닌 이상에는 교회 합동을 하지
않겠다는 뜻을 밝혔다. 그리고 1950년에 교황 비오 12세Pius
XII는 회칙 '에클레시아 카톨리카'를 발포하여 모든 그리스도교
도에게 가톨릭교회로 복귀할 것을 요구하였다."

(앞의 책, 556쪽)

'다른 종파와 대화할 생각은 없다. 그 전에 너희야말로 가톨릭으로 복귀해라'라는 그야말로 완강한 태도를 보였다.

하지만 1961년 제3회 세계교회협의회에는 러시아 정교회를 필두로 동유럽 정교회가 참가하여 가톨릭을 제외한 거의 모든 교파가 참가하게 되었다. 이 단계에서 에큐메니컬 운동의 큰 기초가 형성되었다.

나아가 1975년에 개최된 제5회 세계교회협의회 때는 큰 진보를 보았다. 계속해서 인용하겠다.

> "이 협의회에는 로마 가톨릭교회를 제외하고 전 세계의 여러 교회에서 약 700명의 대표자와 약 2,000명의 어드바이저, 방청객, 스태프, 보도 관계자 등이 모였다. 이 협의회에서는 현재 전 세계에서 발생하고 있는 문제들, 즉 신앙 고백, 식량과 에너지 위기, 피억압자의 해방(여성 문제와 인권 문제), 부정한 사회 구조의 개혁, 불교도와 이슬람교도와 힌두교도와 유대교도와의 대화를 다루었다."
>
> (앞의 책, 554~555쪽)

보다시피 1975년을 기점으로 에큐메니컬 운동은 그리스도교의 틀을 넘어섰다. '그리스도교 이외의 다른 종교 사람들과도 대화하고, 세계가 직면한 제반 문제를 해결하기 위해 함께 생각하자'는 쪽으로 방향을 선회하였다. 이는 획기적인 전환이었다.

종교 대립으로 발생하는 분쟁과 살육, 다양한 사회적 불공정 등을 해결하기 위해 종교인으로서 서로 차이를 인정하며 함께 협력해나가려는 큰 흐름이 여기에서 생겨났다. 이는 이케다 회장이 해온 종교 간 대화의 정신, 그리고 현재 SGI가 추진 중인 종교 간 대화와 무척 흡사한 움직임이다.

특필할 만한 점은 이케다 회장은 제3대 회장에 취임한 1960년 시점부터 이미 그와 같은 정신을 바탕에 두고 종교 간 대화를 하였다는 것이다. 이는 그리스도교의 에큐메니컬 운동이 다른 종교와의 대화 쪽으로 방향을 선회한 것보다도 훨씬 이른 시기에 시작된 선구적 위업이다.

그리고 에큐메니컬 운동에 부정적이던 로마 가톨릭교회도 1960년대부터 협조적인 태도를 보이기 시작하였다. 최근에는 또 부정적인 태도로 바뀌었지만, 좌우간 에큐메니컬 운동이 세계의 종교 간 대화를 추진하는 큰 힘이 되고 있는 것은 사실이다.

'에큐메니컬한 종교'의 네트워크를

에큐메니컬 운동에 대해 대략적으로 살펴보았다. 하지만 모든 그리스도교가 에큐메니컬을 지향하는 것은 아니다. 개중에는 처음부터 에큐메니컬에 등을 돌린 교파도 있다.

예를 들어 미국의 종교 우파(그리스도교 우파)는 대단히 원리주의적이어서 다윈의 '진화론'을 현재까지도 인정하지 않는 사람이 많다.

'인간은 신이 창조하였거늘! 원숭이가 진화한 거네 어쩌네 하는 헛소리는 인정할 수 없어!'라고 생각하는 사람들이다.

부시(아들) 전 대통령의 지지 기반 세력이 그리스도교 우파였고, 부시 본인도 그리스도교 우파였다. 부시는 '9·11' 테러 당시에 재임한 대통령인데, 그 시기에 회의 연설에서 '십자군'이라는 단어를 사용하여 빈축을 샀다. 이교도를 대량 학살한 그리스도교도의 십자군을 테러 전쟁에 나가서 싸우는 미군에 비유한 것이다. 그야말로 그리스도교 우파다운 발언이었다. 그리스도교 우파에게 이슬람교도는 대화할 상대가 아니라 싸울 상대인 것이다.

또 그리스도교에서 파생한 신흥 종교 '여호와의 증인'도 에큐메니즘에 완전히 등을 돌렸다. 여호와의 증인은 유혈을 금지하는 교의가 있는 것으로 유명한데, 이 교의도 성서 기술의 원리주의적 이해에 기반한 것이다.

이슬람교도 사정도 마찬가지다. 다른 종교와 적극적으로 대화하려는 에큐메니컬한 집단도 있고, 알카에다나 IS(이슬람국가)처럼 다른 종교와의 대화를 일절 거부하는 집단도 있다. 대화하기는커녕 IS 등은 종교 간 대화를 추진하는 무슬림 동포들을 '이슬람의 가르침을 거스른 배신자'로 파악하고 살해 대상으로 보기까지 한다.

흔히 '평화적인 관용의 종교'로 보는 불교에도 원리주의적인 집단은 있다. 예를 들어 미얀마의 이슬람계 소수민족 '로힝야족'에 대한 박해와 차별이 심각한 국제 문제로 부상하였는데, 로힝야족 사람들을 박해하고 학살하는 미얀마 국군은 불교도 집단이다. 이 일례만 보더라도 '불교도는 평화적이다'라고 단정할 수 없음을 알 수 있다.

요컨대 어느 종교에나 에큐메니컬한 흐름과 원리주의적인 흐름이라는 양극이 있으므로 상대가 어느 쪽에 위치하는지를 먼저 파악한 다음에 대화하여야 한다. '이슬람교니까 ○○다', '불교니까 ○○다'라는 단락적인 단정은 금물이다.

창가학회는 니치렌 불법 가운데 가장 에큐메니컬한 흐름이라고 할 수 있다. 이케다 회장이 종교 간 대화를 실천한 것을 보더라도 알 수 있듯이 다른 종교, 다른 문화 사람들과 대화하며 평화롭게 공존할 수 있는 종교이다. 그래서 창가학회가 세계종교가 될 수 있는 것이다.

반대로 똑같은 니치렌 불법을 신봉하지만 전혀 에큐메니컬하지 않은 집단도 있다.

예를 들어 일련정종이 그렇다. 1990년대 초반에 제2차 종문 사건이 일어난 직후, 창가학회의 아키야 에이노스케秋谷栄之助 회장(당시)이 아베 닛켄阿部日顕 법주(당시)에게 회견을 요청하자, 종문 측은 "(법주께서는) 알현이 가능하지 않으신 분"이라는 사극에 나올 법한 말투로 회견을 거절하였다. 일련정종은 이처럼 '열린 대화'와는 거리가 먼 성격을 지닌 종파이다. 또 베토벤의 〈환희의 송가〉를 "외도를 찬양하고 정법을 비방하는 것에 해당한다"며 부정하는 등 다른 종교와 문화를 존중하지 않는 자세를 가졌다. 반에큐메니컬적이고 원리주의적이다.

또 겐쇼카이顯正会처럼 포교와 관련하여 반복적으로 폭력 사건을 일으켜 사회문제가 되고 있는, 글자 그대로 컬트 집단도 있다. 그들도 원리주의적이다.

제2차 세계대전 전의 니치렌주의자 다나카 지가쿠田中智學처럼 니치렌 불법을 신봉하지만 국가주의적인 방향으로 뒤틀리게 이해한 사람들도 있다. 니치렌 대성인은 가마쿠라 시대(1185~1333년-역자 주)에 '원나라의 침략'에 대항한 인물이어서 그의 종교 사상을 국가주의적인 사상으로 곧잘 오해하곤 한다.

하지만 니치렌 대성인은 신도에게 보낸 편지(『종종어진무어서〔種種御振舞御書〕』)에서 당시 가마쿠라 막부의 최고 권력자를 "얼마 안 되는 작은 섬의 주인"이라고 표현하였다. 즉 "일본의 지배자라고는 하나, 세계 전체에서 보면 얼마 되지 않는 작은 섬의 주인에 불과하지 않은가?"라며 그들을 상대화하여 보는 시각을 가지고 있었던 것이다. 이 일화가 시사하는 바와 같이 대성인의 사상은 글로벌하며, 일본만을 신성시하는 국가주의적인 자세와는 거리가 멀다.

다나카 지가쿠처럼 니치렌 대성인을 국가주의와 연관 짓는 자세도 에큐메니컬이라고는 할 수 없다. 이는 일본만 신성시하는 편협한 사상이며, 다른 종교나 문화와 평화적으로 공존하려는 자세의 대극에 있는 사상이다.

다나카 지가쿠처럼 니치렌을 이해하는 흐름은 이윽고 둘로 나뉘었다. 하나는 다나카가 제창한 '팔굉일우八紘一宇'('세계를 하나의 집으로 만든다'는 뜻. 제2차 세계대전 때 일본의 해외 침략을 정당화하는 슬로건으로 사용되었다)'의 개념을 군사력에 이용하는 형태로 실현하고자 한 흐름으로, 대표적인 인물로는 이시와라 간지石原莞爾가 있다.

다른 하나는 다나카 지가쿠 본인이 니치렌주의와 국체 이데올로기(천황 통치의 정당성 또는 일본국의 우수성을 주창하는 사상-역자 주)에 기반하여 설립한 사회 운동 조직 '입헌양정회立憲養正會'의 흐름이다. 후일에 다나카 지가쿠의 차남이 입헌양정회의 리더가 된 후로는 정치 단체로서의 색채가 강해졌다. 좌우간 입헌양정회는 테러 행위에 반대하였다. 다나카 지가쿠 본인이 전쟁과 사형에 반대하는 입장이었기 때문에 군사력을 이용하는 흐름이었다기보다는 자기 자신의 사상을 펼친 쪽이었다고 하겠다. 다만 테러를 부정하기는 하였으나 국가주의와 결부하여 니치렌을 편협하게 이해하였다는 사실에는 변함이 없으며 역시 에큐메니컬이라고 할 수 없다.

요컨대 니치렌 불법을 신봉하는 집단 중에서 창가학회가 특출하게 에큐메니컬한 존재라고 하겠다.

나는 전 세계의 많은 종교 내에 있는 에큐메니컬한 성격을 지닌 사람들이 적극적으로 대화를 진행하여 세계가 직면한 다양한 과제를 함께 해결해나가야 한다고 생각한다.

예를 들어 IS처럼 원리주의적이며 반에큐메니컬한 집단과는 대화 자체가 성립되지 않겠지만, 이슬람 중에서도 에큐메니컬한 사람들하고는 대화할 수 있고 함께 싸워나갈 수 있다. 그리스도교 중에서도 여호와의 증인하고는 대화하기 어렵겠지만, 프로테스탄트에도 가톨릭에도 에큐메니컬한 집단은 있다.

창가학회는 각 종교의 에큐메니컬한 흐름에 있는 사람들과 대화하여 함께 싸워나가야 하고, 구태여 내가 말할 필요도 없겠지만, 실제로 그런 종교 간 대화를 계속하고 있다.

이와 같은 에큐메니컬한 종교가 손잡는 국제적인 네트워크가 미래 세계에서는 무척 중요해질 것이다. 또 창가학회는 이 네트워크에서 대단히 중요한 역할을 할 수 있을 것이다.

그 네트워크는 저마다 다른 종교를 믿는 사람들의 모임이 될 것이다. 하지만 에큐메니컬한 사고방식으로 종교적인 차이를 극복하고 함께 싸울 수 있을 터이다. 왜냐하면 다원성을 중시하고 인간의 생명을 존중하는 근본적인 공통항이 있기 때문이다.

원리주의적이며 편협하고 그릇된 종교 세력을 에큐메니컬한 종교 연대로 봉인할 수 있다.

타자의 행복추구권을 침해하지 않는다

에큐메니컬한 종교는 다른 종교의 사고방식을 존중하고, 차이를 극복하고, 다른 종교와 열린 대화를 한다. 그리고 이와 같은 자세를 취하는 것이 세계종교의 조건 중의 하나라는 이야기를 하였다.

이와 같은 사고방식이 그리스도교에서 생겨났다는 이야기를 듣고 '그건 틀림없이 그리스도교의 박애주의에서 온 걸 거야'라고 생각한 사람도 있을지 모르겠다. 하지만 이는 커다란 오해이다. 사실 그리스도교는 박애주의의 종교가 아니다.

오해의 근원은 "너 자신을 사랑하는 것과 같이 너의 이웃을 사랑하라"와 "적을 사랑하고, 자신을 박해하는 자를 위해서 기도하라"라는 유명한 성서 구절이다. 이 두 구절이 그리스도교의 박애주의를 상징한다고 생각하는 사람이 많지만, 애당초 이는 박애주의를 설한 것이 아니다.

먼저 전자는 "너 자신을 사랑하는 것과 같이"라는 전제 부분에 포인트가 있다. 이는 박애라기보다는 오히려 자기애의 중요성을 가르치는 말이다. 자기애라고 하면 '나르시시즘'과 혼동하는 경향이 있는데, 여기에서 말하는 것은 좋은 뜻에서의 자기애, 즉 자신을 소중히 여기는 마음을 말한다.

자신을 소중히 여기는 마음이 없으면 다른 사람도 소중히 할 수 없다. 자신의 행복을 제대로 추구하지 못하는 사람이 하물며 타인의 행복을 어찌 추구하겠는가. 즉 이 성서 구절은 자기애야말로 이웃 사랑의 토대라는 가르침을 담고 있다.

이는 반대로 생각하면 잘 이해할 수 있다. 이슬람 원리주의 테러리스트가 자폭 테러로 많은 사람을 죽일 수 있는 것은 '자신의 목숨을 버리는 것'에 대한 허들이 대단히 낮기 때문이다. 자신의 생명을 소중히 여기지 않기 때문에 다른 사람의 생명도 가볍게 여기는 것이다.

또 전전戰前의 일본군의 경우, 병사들의 목숨은 '천황 폐하의 것'으로 '자신에게 소중한 것'이 아니었다. 그와 같은 환경에 놓여 있었기에 일본군 병사들이 전장에서 시민들의 목숨을 빼앗는 잔학한 행위를 할 수 있었던 것이다.

자신의 목숨을 아무렇지 않게 버릴 수 있는 사람만큼 무서운 사람은 없다. 그와 같은 사람은 아무렇지 않게 다른 사람의 목숨을 빼앗을 수 있기 때문이다. 그렇게 되지 않도록 먼저 자신을 제대로 사랑하라, 자신의 목숨을 소중히 하라고 성서가 설한 것이다.

또 후자인 "적을 사랑하고, 자신을 박해하는 자를 위해서 기도하라"는 구절이 어째서 박애주의가 아닌가 하면 이 구절은 '적의 존재'를 전제로 하기 때문이다. 진정한 박애주의자라면 모든 인간을 평등하게 사랑할 터이므로 애당초 인간을 적이나 아군으로 나누지도 않는다.

그렇다면 이 구절의 진의는 무엇일까? 내 나름대로 해석하자면 다음과 같다.

사람이 적을 미워하는 것은 자연스러운 심리이지만, 미워하는 마음을 품으면 상대에 대한 잘못된 인식을 가지게 된다. 즉 잘못된 견해를 가지거나 판단을 할 위험이 있다. 그러므로 적을 접할 때나 적에게 이길 방법을 생각할 때는 '적을 사랑할 정도의 마음가짐'으로 접하는 것이 좋다. 그래야 상대를 균형 잡힌 올바른 시각으로 볼 수 있다…는 것이 이 구절에 담긴 실제 가르침이다. 박애주의는 커녕 마치 비즈니스서에 적힌 경영자의 마음가짐 같은 냉철한 가르침인 것이다.

본래 하던 이야기로 돌아가겠다. 다른 종교의 사고방식을 존중하는 에큐메니즘은 박애주의에서 생겨났다기보다는 근대 사회의 자유주의가 반영되어 생겨난 것이다.

중세에는 인간의 삶에 자유라는 것이 거의 없었다. 예를 들어 부모가 도구를 만드는 직공이면 자식도 당연히 도구를 만드는 직공이 된다. 하물며 직공으로 일을 할 때도 엄격한 제한이 있어서 '1년에 몇 개까지밖엔 만들 수 없다'든가 '자신이 배운 유파의 제작 방식 이외의 제작 방식으로 만들어서는 안 된다'는 식으로 세세한 것까지 규정되어 있었다. 굴레에 쎈 생활이었다.

그런데 근대에 들어 자본주의 사회가 탄생하자 누구나가 자유롭게 살 수 있게 되었다. 단지 딱 하나, '이것만은 하여서는 안 된다'는 대원칙이 있는데, 그것이 바로 '타자 위해危害 배제의 원칙'이다. 영국의 철학자 존 스튜어트 밀John Stuart Mill이 그의 저서 『자유론On Liberty』에서 주장한 것으로, 간단히 말해 "사람은 어떻게 살든 개인의 자유이나, 그 자유는 타인에게 위해를 가하지 않는 한에서 인정된다"라는 것이다.

예를 들어 왜 각성제 사용이 법으로 금지되어 있을까? 각성제를 상용하면 몸이 망가지지만, '본인의 몸이므로 망가뜨리든 그렇지 않든 그 사람의 자유다'라며 왜 그냥 내버려두지 않을까? 이는 각성제가 환각과 피해망상을 일으켜 다른 사람을 공격하게 한다는 것이 실증적으로 밝혀졌기 때문이다. 심할 경우에는 묻지 마 살인 사건을 일으켜 죄 없는 타자의 목숨을 빼앗을 수도 있다. 고로, '타자 위해 배제의 원칙'에 비추어 각성제를 금하는 것이다.

하지만 타자에게 위해를 가하지 않는 한 무엇을 하든 그 사람의 자유이다. 그것이 자유주의 사회의 기본 원칙이다.

예를 들어 나는 고양이를 무척 좋아해서 현재 집에서 다섯 마리를 키우고 있다. 고양이의 평균 수명은 15~20년이므로 사료값과 화장실 모래값 등으로 대개 한 마리당 약 60만 엔의 비용이 든다. 병에 걸려 동물 병원에 데리고 가면 치료비가 추가되기 때문에 최종적으로 한 마리당 약 150만 엔이 든다. 즉 우리 집 고양이 다섯 마리를 위해서 대략 750만 엔의 돈을 쓰는 셈이다.

누군가는 이런 이야기를 들으면 '그 750만 엔을 개발도상국에 사는 불쌍한 아이들을 위해 기부하여야 마땅하다. 그러는 편이 사회에 도움이 된다'고 생각할 수도 있다. 확실히 그 편이 훌륭한 행동일 수 있다. 하지만 설령 훌륭한 행동이 아니더라도, 옆에서 보기에 어리석어 보이더라도, 내가 번 돈을 고양이를 위해 쓰는 것은 나의 자유이다.

그러한 권리를 밀은 『자유론』에서 '우행권'이라고 말하였다. 다른 사람 눈에는 어리석은 행위로 보이더라도 그 행위가 타자에게 위해가 되지 않는 한 그 행위를 하는 것은 그 사람의 자유라는 뜻이다.

이는 어떤 종교를 믿을 것인가 하는 문제에서도 동일하다. 세상에는 다른 사람이 보기에는 어리석은 교의를 가진 듯 보이는 종교도 있다. 하지만 그러한 종교를 믿는 것도 우행권의 범주 내에 들어간다. 다른 사람이 이러쿵저러쿵하여서는 안 된다.

이와 같이 어리석어 보이는 행위도 서로 인정하여야 사회가 발전해나간다. 이것이 근대적 자유주의 사고방식의 근본이다. 세계종교가 다른 종교를 존중하는 것도 그 근저에는 자유주의 이념이 있다.

다만 '우행권'은 아무래도 듣기에 썩 좋지 않기 때문에 오늘날에는 조금 더 정련된 명칭으로 부른다. 바로 '행복추구권'이다.

일본 헌법에는 제13조에 "모든 국민은 개인으로서 존중된다. 생명, 자유 및 행복 추구에 대한 국민의 권리는 공공의 복지에 반하지 않는 한, 입법 그 외 국정상에서 최대한 존중한다"라고 규정해 이 '행복추구권'을 보장한다.

행복추구권 안에는 사실 우행권도 포함된다. 예를 들어 다른 사람 눈에는 어리석어 보이는 행위라 하더라도 그 사람이 그것으로 행복하다면 다른 사람에게 피해를 주지 않는 한 그것을 할 자유가 있다. 이것이 자유주의사회의 근본 원칙이다. 세계종교는 이 대원칙에 입각하여 포교하지 않으면 안 된다.

평범한 사람이 거대한 악을 행하는 무서움

앞으로 창가학회의 세계종교화를 짊어질 사람들이 읽어야 할 책을 강좌를 진행하면서 중간중간에 소개하였다. 여기에서 책 한 권을 더 추천하고자 한다. 바로 한나 아렌트Hannah Arendt의 『예루살렘의 아이히만 - 악의 평범성에 대한 보고Eichmann in Jerusalem : A Report on the Banality of Evil』라는 책이다.

한나 아렌트는 독일 출신의 유대인 여성으로 정치학자이다. 마르부르크대학교 재학 당시, 하이데거Martin Heidegger(독일의 철학자)의 제자였으며 동시에 애인이기도 하였다. 기혼자였던 하이데거와 일시적 불륜 관계에 있었던 것이다.

그런데 애인인 하이데거가 전시 상황이 되자 나치스의 협력자가 되었다. 한편 아렌트는 반나치스 운동에 가담한 상태이기도 하여 나치스의 박해를 피해 미국으로 망명하였고, 생애를 마칠 때까지 미국에서 살았다. 이와 같은 기구한 운명을 산 사람이다.

나치스의 박해를 받은 유대인으로서 아렌트는 정치학자가 되기로 결심하였고, 생애의 반을 투자하여 전체주의가 대중을 휩쓰는 과정을 깊이 연구하였다. 그 연구를 정리한 저서가 『전체주의의 기원The Origins of Totalitarianism』이다. 이 책은 총 3권에 달할 만큼 길고 내용도 어렵기 때문에 제일 먼저 읽을 책으로는 적합하지 않다. 그러므로 먼저 『예루살렘의 아이히만』부터 읽길 바란다.

아이히만이란 나치스의 고위 관료이자 전시 때 행해진 홀로코스트에 막중한 책임이 있는 바로 그 아돌프 아이히만을 말한다. 많은 유대인을 '아우슈비츠 강제수용소'로 이송시킨 일을 지휘한 인물이다. 즉 유대인 입장에서 절대로 용서할 수 없는 악랄한 전범 중의 한 명이다.

아이히만은 전후에 아르헨티나로 도망가서 살았다. 1960년에 도망 중인 아이히만을 '모사드(이스라엘의 첩보기관)'가 찾아내 구속하였고, 예루살렘으로 연행하여 재판에 회부했다.

당시 한나 아렌트는 미국에서 대학교수로 근무 중이었는데, 1961년부터 시작된 아이히만의 재판에 지원하여 방청하였다. 그리고 아이히만의 사형이 집행되기까지의 리포트를 『뉴요커The New Yorker』지에 게재하였다. 『예루살렘의 아이히만』은 그 리포트를 한 권의 책으로 정리한 것이다.

『예루살렘의 아이히만』은 1963년 연재 개시와 동시에 유대인 사회로부터 격렬한 비판을 받았다. 왜냐하면 이스라엘이 아이히만을 사형에 처하기까지의 경위를 비판함과 동시에 아이히만을 극악무도한 사람으로 취급하는 것에 의문을 던지는 글을 썼기 때문이다. 사람들은 아렌트 본인도 유대인이면서 나치스 전범인 아이히만을 옹호하는 책을 썼다고 보았다.

하지만 객관적으로 보았을 때 이스라엘의 방식은 상당히 난폭하였다. 예를 들어 이스라엘에서는 사형이 폐지된 상태였음에도 불구하고 헌법을 일시적으로 변경하면서까지 사형을 부활시켜 아이히만을 사형에 처하였고, 그다음에 헌법을 다시 원래대로 수정하였다. 즉 아이히만 한 사람을 사형에 처하기 위해 헌법을 개정한 것이다. 나치스 전범을 무슨 일이 있더라도 반드시 사형에 처하고 말겠다는 무시무시한 집념이 느껴지는데, 과연 그러한 방식이 근대 국가가 취할 방식으로서 타당한 것인지….

아렌트는 책에서 "이스라엘이 재판권을 가지고 있는가? 아르헨티나의 국가 주권을 무시하고 아이히만을 연행한 것은 타당한 일인가?"라는 의문을 던졌다.

이와 같은 내용이었기 때문에 『예루살렘의 아이히만』은 최근까지 이스라엘에서는 사실상 금서로 취급되었다. 그러다가 몇 년 전에 간신히 히브리어로 번역되었다.

또 아렌트는 줄곧 재판을 방청하며 받은 그에 대한 인상에 대해 "아이히만은 지극히 평범하고 소심한 자이며 별 볼 일 없는 공무원에 지나지 않았다"고 썼다. 보통의 인간과는 다른, 괴물 같은 악인이 아니었다고 쓴 것이다. 이것이 책의 부제목에 나오는 '악의 평범함'이라는 말의 뜻이다. 하지만 아렌트는 유대인들이 오해한 것처럼 아이히만을 옹호하기 위해 그렇게 쓴 것이 아니다. 오히려 그 반대였다. 아이히만처럼 평범하고 소심한 인간도 나치스라는 전체주의의 톱니바퀴가 되면 유대인 대량 학살이라는 인류사에 남을 거대한 악행을 저지른다…는 무서움과 섬뜩함을 폭로한 것이다.

또한 아렌트의 삶은 2011년에 《한나 아렌트Hannah Arendt》라는 영화로도 제작되었다. 상당히 괜찮은 영화이고, 아이히만 재판의 경위가 스토리의 중심을 이루므로 여러분도 한번 보길 바란다.

평범한 인간이 거대한 악을 행한다. 이와 같은 사례는 아이히만뿐 아니라 역사 속에 무수히 많다. 한 가지 예를 더 들자면 전시 중에 만주(현 중국 동북부)에서 중국인 포로 등을 대상으로 소름 끼치는 인체 실험을 반복한 '731부대'의 부대장 이시이 시로石井四郎 등이 그야말로 아이히만형의 '평범한 악'이다.

의학박사이기도 한 이시이 시로 육군 중장은 전범으로서의 소추를 면하고 전후에 개업의로 살았다. 동네 주민이 다치거나 병에 걸리면 무상으로 진료해주기도 하였다. 이런 에피소드를 통해 알 수 있듯이 영화나 소설에 나올 법한 미친 과학자가 아니었으며, 다른 한편으로는 좋은 가장이기도 하였다. 하지만 그와 같은 '평범한 사람'이 전쟁 한복판에서 군대에 몸을 두면 인간을 실험 재료로 취급하는 무서운 악행을 저지르기도 한다.

731부대와 이시이 시로에 관해서는 아오키 후키코青木冨貴子(작가·저널리스트)가『731 - 이시이 시로와 세균전 부대의 어둠을 폭로하다731 - 石井四郎と細菌戦部隊の闇を暴く』라는 뛰어난 논픽션 작품을 저술하였다.

신초문고新潮文庫에서 출간한 이 책의 문고판에는 내가 해설을 달았다. 이 책도『예루살렘의 아이히만』과 함께 읽어보길 권한다. '악이란 무엇인가?'라는 큰 테마에 대해 사색하는 데 좋은 재료가 될 것이다.

'미소기'나 '하라에'와는 거리가 먼 창가학회의 감각

앞으로의 세계종교화 시대에 대비하여 창가학회원도 신도神道의 내재적 논리를 어느 정도 알아둘 필요가 있다고 제2장에서 이야기하였다. 앞서 말한 '옻칠 방식'으로 여기에서 다시 한 번 신도에 대해 설명하겠다.

신도적 사고의 근본을 이루는 것은 '미소기禊'와 '하라에祓'이다. 미소기와 하라에라는 말을 들어본 적은 당연히 있겠지만, 누군가가 "미소기랑 하라에가 뭐야?"라고 물었을 때 명쾌하게 대답할 수 있는 사람은 많지 않을 것이다.

'미소기'는 일본 신화에서 이자나기(일본 건국 신화에 나오는 창조신-역자 주)가 물로 몸을 정화하는 장면에서 기원한다. 깨끗한 물로 죄와 몸의 더러움을 씻어내는 행위가 '미소기'이다. 또 일신에 닥친 악과 불행을 씻어내는 의미도 있다.

'하라에'는 미소기로 몸을 정화한 다음, 의식과 축문으로 재앙을 떨쳐내는 것을 말한다. 미소기와 하라에는 하나의 세트여서 '미소기·하라에'라는 말도 있다.

신도는 일본 문화의 심층에 스며들어 있기 때문에 이 '미소기'와 '하라에'라는 감각도 일본인의 생활에 깊이 침투되어 있다. 예를 들어 부정부패를 일삼아 체포된 정치인이 한 차례 의원직을 사퇴한 후 다음 선거에서 "미소기를 끝마쳤다!"며 입후보하는 일이 곧잘 있다. 그리고 유권자들도 아무렇지 않게 그 말 한마디로 납득하고 또 투표하여 당선되기도 한다. 신도의 주요 키워드인 '미소기'가 이처럼 일상생활에서 자연스럽게 사용되는 것도 일본 문화의 심층에 이것이 깊이 자리잡고 있기 때문이다.

사실 이 "미소기를 끝마쳤다!"라는 일본인의 감각은 유대교나 그리스도교 문명 사람들로서는 전혀 이해할 수 없는 감각이다. 그리스도교에는 모든 인간이 짊어지고 있는 '원죄'의 개념이 있고, 유대교에서도 '죄'를 무겁게 본다. 그런데 어째서 깨끗한 물로 몸을 정화한 것만으로 '씻어내 없애는 것이 가능'한지 그 사람들은 이해하지 못한다.

일본인끼리 대화할 때 "이제 됐으니까 물에 흘려보내자"거나 "물에 흘려보내줘"라는 말을 흔히 하는데, 이는 구미 사람들의 말로는 통역 불가능할 것이다. 왜냐하면 '물에 흘려보낸다'는 것은 '용서하겠다'는 것인지 '용서하지 않겠다'는 것인지 애매모호한 그야말로 어중간한 결판이기 때문이다.

그리스도교 세계 사람에게 누군가의 죄에 대한 대응은 '용서한다' 또는 '용서하지 않는다'의 양자택일밖에 없다. '물에 흘려보낸다'는 것은 어느 쪽도 아닌 '그 문제는 일단 미루어두자'는 흐리터분한 대응으로 보인다.

그리스도교권뿐 아니라 한반도나 중국에서도 '물에 흘려보낸다'는 일본식의 결판을 이해하지 못한다. 왜냐하면 이는 신도에서 유래한 일본 문화의 일부이기 때문이다. 중국이나 한국과의 역사 인식 문제가 아직까지도 풀리지 않는 배경에는 일본 측이 무의식중에 '물에 흘려보낸다'는 대응을 하는 것에 대해 양국도 마찬가지로 무의식적으로 반발하는 것이 한몫하기 때문이다.

"이미 전쟁이 끝난 지 70년도 더 되었으니 전쟁 중에 있었던 일과 식민지 시대의 일은 슬슬 물에 흘려보냅시다"라고 분명하게 말로 표명하지는 않았지만, 일본 측에는 내심 그런 식으로 생각하는 감각이 작용하고 있다고 생각된다. '미소기'와 '하라에'라는 일본 특유의 발상이 외부 세계에서 보았을 때는 무책임함의 발로로 보인다. 종교에서 기인한 근본적인 감각 차이는 사실 이런 부분에도 있는 것이다.

그런데 이러한 일본 사회 내에 있으면서도 창가학회는 '죄를 물에 흘려보낸다'는 일본 특유의 감각과 거리가 멀다.

예를 들어 이케다 회장은 과거에 지은 악행을 즉시 물에 흘려보내고 잊어버리려는 일본인의 경향을 "일본인은 '역사 건망증'에 걸렸다"며 줄곧 비판하였다. 또 이에 호응하듯이 『이케다 다이사쿠 명언 100선池田大作 名言100選』(주오코론신샤)에는 아시아 침략 역사에 대해 다음과 같은 말이 실려 있다.

> "아직까지 일본의 중국 침략전쟁의 역사를 부정하는 듯한 언동을 일본이 보이는 것은 대단히 유감스러운 일이다. 이와 같은 풍조와 철저하게 싸우기 위해서라도 중국과의 문화적, 교육적 교류에 한층 더 힘쓰고 싶다."
> "일본의 식민지 지배는 정치와 경제면뿐 아니라 문화와 정신면에까지 미쳤다. 그 얼마나 한국과 한반도 사람들의 마음을 유린하였는지. 이 역사를 일본인은 결코 잊어서는 안 된다."
> (『이케다 다이사쿠 명언 100선』, 이케다 다이사쿠, 주오코론신샤, 2010년, 183쪽)

이와 같은 역사 감각은 미소기·하라에 감각, 바꾸어 말해 '신도적 멘탈리티'하고는 거리가 먼 것이다. 이케다 회장은 '동포가 과거에

행한 악행을 결코 잊어서는 안 된다'고 생각한다. 그리고 중국과 한국과 화해하고 함께 손잡고 아시아의 미래를 구축해나가려는 미래지향적인 지향성을 잊지 않는다.

창가학회에는 앞서 말한 '전쟁에 대한 책임'이 있을까? 전혀 없다고 생각한다. 오히려 전쟁으로 말미암아 유린당한 피해자 측이다. 군부 탄압으로 마키구치 쓰네사부로 초대 회장은 옥사하였고, 도다 조세이 제2대 회장도 감옥에 갇혔으며, 창가교육학회도 파멸 상태에 내몰렸으니까…. 그러한 입장임에도 창가학회는 피해자라는 입장에 안주하지 않는다. 오히려 동포가 범한 과거의 침략 행위에 대한 책임을 지금도 통감하며 잊지 않고 있다. 이와 같은 창가학회의 자세는 전시에 저항한 역사를 가지고 있는 다른 종교 단체와 비교해보더라도 이질적이다.

이 자세는 필시 창가학회가 신도적인 미소기·하라에 감각과는 근본적으로 다른 종교관을 가지고 있는 것과 밀접한 관계가 있는 듯하다.

황족이 국제기독교대학교에 진학한 이유

그런데 아키시노노미야秋篠宮 가문의 장녀 마코 내친왕眞子内親王과 차녀 가코 내친왕佳子内親王은 모두 국제기독교대학교ICU를 졸업하였다. 역사적으로 천황가의 종교가 무엇이었는지는 제쳐두더라도, 현대에는 신도神道일 터이다. 그런데 어째서 두 사람 모두 그리스도교 계열의 대학교를 선택하였을까?

사실 그 배경에는 일본의 전후 처리 문제가 있다. 그리고 앞서 언급한 신도의 미소기·하라에 감각하고도 관련이 있다.

일본은 왜 그토록 무모한 전쟁을 하였을까? 전후 처리 과정에서 맥아더를 필두로 GHQ(연합국 군 최고사령관 총사령부) 사람들이 그 이유에 대해 이래저래 논의하였다. 그리고 그 논의 끝에 나온 결과 중의 하나로 '신도의 미소기 감각이 뿌리 깊어서 일본인에게는 죄의식이 희박하다. 국가를 이끄는 엘리트층조차 그러하며, 죄를 범하여도 즉시 물에 흘려보낼 수 있다고 생각한다. 그래서 이와 같은 폭주를 한 것이다'라는 의견이 부상하였다.

그렇다면 이와 같은 일본인의 결점을 고쳐 금후에 폭주하는 것을 막기 위해서는 어떻게 하여야 할까? 한 가지 방책으로서 GHQ는 '신도 지령'을 발표하여 국가 신도 체제를 철저하게 해체하였다. 그리고 다른 한 가지 방책으로서 '일본의 대표적인 국립대학교에 신학부를 만들어 엘리트들에게 신학 교육을 시키자'고 하였다.

하지만 정교분리 원칙과 겹친 탓에 국립대학교에 신학부를 만드는 계획은 틀어졌다. 이에 그다음으로 '그리스도교적인 사고방식과 천황제의 혼합물 같은 새로운 엘리트 사립대학교를 창립하고 그 대학교를 무대로 전후의 새로운 일본 국가 체제를 만들자'는 계획이 부상하였다.

그 결과 1949년에 창립된 (대학교 설립은 1953년) 것이 국제기독교대학교였다. 설립준비위원회 명예 총재가 된 사람은 쇼와 천황의 친

남동생 다카마쓰노미야高松宮였다. 그리고 설립 자금을 모으기 위한 모금 책임자는 더글러스 맥아더였다. 요컨대 맥아더와 다카마쓰노미야가 만든 대학교이다.

현재 ICU의 공식 역사와 홈페이지에서는 맥아더와 관련된 기술은 모두 삭제되었다. 하지만 아직까지도 다카마쓰노미야가 관여하였다는 기술은 남아 있다. 이와 같은 깊은 관계를 생각하면 아키시노노미야 가문의 장녀와 차녀가 나란히 ICU에 진학한 것도 전혀 신기해할 일이 아니다.

얼마 전까지만 해도 황족은 일반적으로 가쿠슈인대학교学習院大学에 진학하였다. 그렇다면 어째서 요 몇 년 사이에 가쿠슈인대학교가 아니라 ICU에 진학하는 황족이 늘어났을까?

이는 나의 해석이지만, 보수적인 아베 신조安倍晋三 정권이 장기 집권을 하고 있는 측면이 있어서 미국이 '일본의 황실이 또 전전戰前처럼 위험한 방향으로 나아가려는 게 아닐까?' 하고 기우할 리스크를 낮추기 위해 배려한 조치인 듯하다.

유력 황족이 가쿠슈인대학교에 진학하는 것보다 ICU에 진학하는 편이 미국으로서도 안심될 것이다. 왜냐하면 ICU는 미국적인 가치관이 뿌리에 있고 또한 황실도 중요하게 여기는 대학교여서 황실 입장에서도 미국 입장에서도 적절하게 이용하기에 적합한 대학교이기 때문이다.

'빛의 자녀와 어둠의 자녀'라는 이분법의 위험성

ICU라고 하니 생각났는데, 나는 최근에 ICU의 교수와 교양학부장 등을 역임한 다케다 기요코武田清子가 번역한 라인홀트 니버 Reinhold Niebuhr의 『빛의 자녀와 어둠의 자녀 - 데모크라시의 비판과 옹호The Children of Light and the Children of Darkness : A Vindication of Democracy and a Critique of Its Traditional Defense』라는 책의 복간 작업에 참여하였다. 제2차 세계대전 말기인 1944년에 미국에서 간행된 것을 다케다 씨가 전후에 곧 번역하였는데, 쇼분샤晶文社에서 내가 쓴 해설을 첨부하여 2017년 10월에 복간하였다.

라인홀트 니버는 미국의 자유주의 신학자인데, 일본에서는 많이 알려져 있지 않다. 하지만 알코올 의존증 극복을 위한 조직 등에서 곧잘 사용하는 '니버의 기도'는 일본에서도 아는 사람이 많을 것이다. 다음과 같은 기도문이다.

> "주여, 바꿀 수 없는 것을 받아들일 수 있는 평온함을 주시옵소서. 바꿀 수 있는 것을 변화시킬 수 있는 용기를 주시고, 이 둘을 구별할 수 있는 지혜를 주시옵소서."

니버는 일본에서는 지명도가 높지 않지만, 미국에서는 절대적인 영향력을 지닌 인물이다. 왜냐하면 지미 카터, 조지 부시 부자, 버락 오바마 등의 미국 역대 대통령도 니버의 사상에 많은 영향을 받았기 때문이다.

그들은 연설에서도 종종 니버의 말을 인용한다. 민주당, 공화당 쌍방의 대통령 후보가 가장 많이 인용한 신학자도 니버이다.

어째서 일개 신학자인 니버의 사상이 미국 대통령들에게 이토록 많은 영향을 주었을까? 그 열쇠를 쥐고 있는 것이 바로 『빛의 자녀와 어둠의 자녀』이다.

니버는 『신약성서』의 「루카 복음서」에 나오는 "이 세상의 자녀들은 자신의 동료에게 빛의 자녀들보다도 현명하게 처신한다"라는 구절에 근거하여 이 세상에서는 '빛의 자녀'와 '어둠의 자녀'의 두 세력이 대항하여 싸운다고 생각하였다. 성서에서 '이 세상의 자녀'라고 표현하는 것을 니버는 '어둠의 자녀'라고 불렀다.

성서에 "빛의 자녀들보다도 현명하게 처신한다"고 적혀 있는 바와 같이 '어둠의 자녀'들은 이 세상을 살아가는 데 유용한 지혜를 가지고 있다고 니버는 생각하였다. 왜냐하면 어둠의 자녀는 아무렇지 않게 거짓말을 하고, 인간적인 것의 가치를 인정하지 않고, 생명을 경시하는 행동을 아무렇지 않게 할 수 있기 때문이다. 이와 같은 악의 세력은 그렇지 않은 세력보다 다른 사람을 앞지르는 간특한 꾀를 많이 가지고 있다.

그렇기 때문에 빛의 자녀들이 단결하여 대항하지 않으면 이 세상은 어둠의 자녀들로 들끓게 된다고 주장하였다.

제2차 세계대전 말기라는 시기에 간행되기도 해서 이 책에서 니버는 나치스 독일 등의 파시즘 국가를 '어둠의 자녀'에 위치시켰고, 미국을 비롯한 민주주의 국가 진영을 '빛의 자녀'에 위치시켰다.

전후에 미국은 '세계의 경찰'이 되는 것을 목표로 다양한 국제 분쟁에 개입하였는데, 이는 니버의 사상이 대통령들에게 끼친 영향이 큰 요인 중의 하나로 작용하였기 때문이다. 미국은 민주주의 사회의 맹주로서 그야말로 자신들을 '빛의 자녀' 세력의 리더로 자임했고, 세계의 '어둠의 자녀'들과 싸우겠다는 사명감으로 불탔다.

제2차 세계대전 때는 '어둠의 자녀'가 나치스였지만, 전후 동서 냉전 시대에 돌입하자 니버는 『미국 역사의 아이러니The Irony of American History』(1952년)라는 저서에서 공산주의 국가야말로 '어둠의 자녀'라고 주장하였다. 미국이 반공 국가가 된 배경에도 니버 사상의 영향이 있다고 하겠다.

니버는 1971년에 사망하였지만, 여전히 '빛의 자녀와 어둠의 자녀'라는 이분법은 미국 정치의 근저에 있다. 예를 들어 '9·11' 이후에는 알카에다를 필두로 이슬람 원리주의 테러리스트들이 '어둠의 자녀'로 간주되었다. 이와 같이 '어둠의 자녀'는 시기에 따라서 변하지만, 미국은 언제나 '빛의 자녀'의 맹주로서 자신을 규정한다.

신학자 한 명이 대국 미국의 동향에 다대한 영향을 주었음에 놀라지 않을 수 없는데, 이는 미국이 현재도 그리스도교를 토대로 하는 종교 국가라는 증거이다.

그런데 도널드 트럼프가 대통령이 되고 미국은 전후에 처음으로 라인홀트 니버의 영향에서 벗어났다. 트럼프는 좋은 의미로든 나쁜 의미로든 뼛속까지 '비즈니스맨'이어서 니버의 사상에 전혀 관심이 없는 듯하다. 그래서 트럼프 대통령이 집권한 후 미국은 '세계의 경찰' 역할을 그만두고 글로벌리즘에 등 돌린 자국제일주의의 길을 오로지 달리고 있는 것이다.

하지만 이것이 반드시 나쁜 일이라고는 생각지 않는다. 대통령이 자국을 '빛의 자녀'에 위치시키고 절대적 정의라고 맹신하는 데는 큰 위험이 동반되기 때문이다. 적어도 트럼프는 이와 같은 위험과는 거리가 먼 인물이다.

『빛의 자녀와 어둠의 자녀』는 개인적으로도 깊은 추억이 있는 책이다. 사이타마현립우라와고등학교 재학 시절에 윤리사회 선생님이던 호리에 로쿠로 선생님이 "대학 입시 준비를 겸해 사상서를 영어 원서로 읽읍시다"라며 권유하여 수업 시간에 악전고투하며 원서로 끝까지 읽었던 책이기 때문이다.

호리에 선생님은 도쿄대학교 문학부와 대학원에서 윤리학을 전공한 교양인이었고 가톨릭교도이기도 하였다. 그리고 수업 중에 대국 미국이 스스로를 '빛의 자녀'라는 절대 선으로 규정하는 것의 위험성에 대해서도 지적해주었다.

"빛의 자녀에게 결여된 것은 인간의 죄에 대한 의식입니다. 바울이 말한 '나는 내가 바라는 선은 행하지 않고, 바라지 않는 악을 행한다'는 근원적인 반성이 결여되어 있습니다. 인간의 죄에 대한 무자각한 사회 개혁 사상은 반드시 악정을 초래합니다"라고 말씀해주셨는데, 이 말이 무척 인상 깊게 남아 있다.

악에 대한 분노는 물론 세계종교에 매우 중요한 요소이다. 하지만 자신에 대한 반성 없이 정의라고 단정하고 자신과 다른 사상과 종교를 가진 상대를 악으로 규정하는 단락적인 태도는 엄격하게 경계하지 않으면 안 된다.

창가학회의 경우에는 생명 존중을 절대적으로 중시하는 사상과 어떠한 인간이든 마음 깊숙한 곳에는 구계九界라는 생명 상태와 함께 '불계佛界'라는 존극尊極의 생명을 가지고 있다고 여기는 평등사상으로 말미암아 이와 같은 단락적인 사고를 하지 않을 수 있는 것이다. 이런 점에서도 창가학회는 앞으로 세계종교가 될 만한 자격을 갖추고 있다고 생각된다.

이상으로 저의 특별 강의를 마치겠습니다. 여러분, 긴 시간 동안 고생 많으셨습니다. 또 열심히 강의를 들어주셔서 감사합니다. 인류의 미래도, 평화로운 사회도, 젊은 여러분의 배움과 행동에 달렸습니다. 더욱 깊이 정진하시길 진심으로 바라고 기대하고 있습니다.

후기__

내가 이해한 바로는 이 세계에는 두 종류의 종교가 있다.

하나는 인간의 내면이나 저세상(피안)과 관련될 뿐 생활의 모든 영역을 뒤덮지는 않는다고 여겨지는 종교이다. 사업 번창이나 합격 기원처럼 '괴로울 때 신에게 부탁하기 위해서 찾아가는 곳'도 이 유형에 속한다.

다른 하나는 생활의 모든 영역을 지배하는 종교이다. 나는 일본 최고의 프로테스탄트 교단인 일본기독교단에 속한 그리스도교 신도이다. 도시샤대학교 신학부와 동 대학원 신학연구과에서 조직신학(그리스도교 이론)을 배웠다. 2016년부터는 모교 도시샤대학교 신학부에서 객원교수로서 신학생들에게 조직신학을 가르쳤다. 그리스도교도는 생활의 중심에 신앙이 있다. 특히 프로테스탄트는 '오로지 신앙'을 강조한다. 세상에서는 '오로지 신앙'을 종종 오해하곤 한다. 내면에 신앙이 있으면 행위는 아무래도 상관없다는 오해이다. 가톨리시즘에서는 '신앙과 행위'가 구제를 위해서 필요하다고 설한다. 이 생각에는 신앙과 행위는 분리 가능하다는 전제가 있다. 프로테스탄티즘은 이 전제를 부정한다. 진정한 신앙을 가지고 있으면 신앙은 반드시 행위가 된다고 생각하기 때문이다. 신앙은 곧 행위이다.

창가학회원의 생활 중심은 신앙이다. 그리고 그 신앙은 생활의 모든 영역에 뻗쳐 있다. 여기에는 가정과 직장뿐 아니라 정치도 포함된다. 자신들과 가치관을 공유하는 사람들이 정치를 맡아서 민중의 행복을 증진하는 것이야말로 진정한 종교라고 학회원은 생각한다. 그래서 많은 학회원이 생명을 존중하는 인간주의에 입각한 공명당을 지지하는 것이고 선거 운동에 적극적으로 참가하는 것이다.

나는 창가학회원이 아니지만, 생활의 모든 영역에서 자신의 신앙을 관철하는 창가학회원의 삶의 방식을 존경한다. 동시에 이는 창가학회의 세계종교로서의 특징이라고 생각한다. 그리스도교는 세계종교이다. 그렇기 때문에 세계종교를 믿는 창가학회원의 신조를 사고를 통해 파악할 수 있는 것이다.

세계종교에 다양한 특징이 있는데, 그중의 하나가 신앙의 계승이다. 나는 도시샤대학교 신학부에서 교육에 힘씀으로써 그리스도교 신앙을 다음 세대에 계승하고자 한다. 이 일을 하던 중에 세계종교 창가학회의 이케다 다이사쿠 제3대 회장이 창립한 소카대학교에 관심을 가지게 되었다. 소카대학교의 건립 이념은 다음과 같다.

"인간 교육의 최고 학부가 되어라Be the highest seat of learning for humanistic education."

"새로운 대문화 건설의 요람이 되어라Be the cradle of a new culture."

"인류의 평화를 지키는 포트리스(요새)가 되어라Be a fortress for the peace of humankind."

"새로운 대문화 건설의 요람이 되어라"라는 건립 이념에 대해 소카대학교 홈페이지에서는 아래와 같이 설명하고 있다.

> "중세시대 유럽에서 탄생한 대학교는 그리스도교를 기반으로 스콜라 철학을 발전시켰고, 르네상스(인간 부흥)를 탄생시키는 데 큰 역할을 하였습니다. 오늘날 새로운 지구 문화를 탄생시키기 위해서 지금 다시 한 번 모든 학문, 이성, 감각 등을 통합하고 올바르게 위치시킬 철학이 요구되고 있습니다. 그 철학의 토대가 되는 것은 '인간'이고, 요구되는 것은 다름 아닌 진정한 '교양'을 갖춘 지구 시민으로서의 창조적 인간입니다.
> 지구 시민이란 지혜와 용기와 자애를 갖춘 인간입니다. 인종과 민족과 문화 차이를 존중하고 이해하고 성장의 양식으로 삼는 용기. 멀리 떨어진 곳에서 괴로워하는 사람의 고통도 함께 나누고 연대하는 자애. 그 용기와 자애의 마음에서 지혜가 한없이 솟아납니다. 소카대학교는 지구 시민, 즉 창조적 인간 연대를 바탕으로 새로운 지구 문화 건설의 요람이 되는 것을 목표로 합니다."

이와 같은 이념하에서 학문하고 세계로 비약할 소카대학생들과 함께 세계종교에 대해 공부해보고 싶었다. 그 바람이 이루어져 이 책이 탄생하였다.

이 강좌를 통해 세계종교인 그리스도교의 유산(여기에는 긍정적인 것도 있고 부정적인 것도 있다)이 일본과 세계의 평화를 위해 쓰이면 좋겠다는 마음으로 이 강좌를 준비하였다. 강좌를 수강해준 소카대학교 학생들은 열정적으로 학업에 임하였고, 동시에 신앙을 생활의 중심에 두는 학생이 많았다. 나아가 면학을 통해 얻은 성과를 일신의 영달을 위해서만이 아니라 세계 평화를 위해 활용하고자 진지하게 고민하고 있다. 학생들의 면학과 생활의 중심에는 항상 평화, 문화, 교육이라는 기둥 아래에서 세계의 항구적 평화를 위한 행동을 거듭해온 이케다 다이사쿠 선생님이 있다. 소카대학교 창립자인 이케다 선생님의 기대에 부응할 수 있는 인재로 성장하기 위해 학생들은 최선을 다한다. 사제불이의 관계가 살아 있음을 나는 강좌를 통해 실감하였다. 이러한 현실에서 나는 큰 감명을 받았다.

사실 내가 신학자로서 일하는 것도, 또 직업 작가로서 일하는 것도 예수 그리스도를 따르고, 나의 서툴고 변변찮은 노력을 조금이라도 신을 위해 쓰고 싶다고 생각하였기 때문이다. 구체적인 내용에 대해서는 본문에서 상세하게 말하였으므로 여기서는 재차 언급하지 않겠지만, 종문과의 결별, 세계 광선유포, 공명당의 여당화는 그리스도교 역사에서의 유추(아날로지)로 생각하였을 때 창가학회가 세계종교화하기 위해 통과해야만 하는 필연적인 과정이다.

이 강좌가 2017년 9월부터 12월까지 진행된 데도 특별한 의미가 있다. 이해 11월 18일에 창가학회 회헌이 시행되었다. 이는 세계종교 역사에 특기할 만한 사건이다. 회헌 전문前文에는 다음과 같이 적혀 있었다.

"마키구치 선생님, 도다 선생님, 이케다 선생님의 '3대 회장'
은 대성인의 유명인 세계 광선유포를 실현할 사명을 짊어지
고 출현한 광선유포의 영원한 스승이다. '3대 회장'이 관철한
'사제불이' 정신과 '사신홍법' 실천이야말로 '학회 정신'이며 창
가학회의 불변의 규범이다. 일본에서 시작되어 이제는 전 세
계로 퍼져나간 창가학회는 모두 이 '학회 정신'을 체현한 것이
다.

이케다 선생님께서는 도다 선생님께서도 광선유포의 지휘
를 하신 '3대 회장'의 사제의 혼백을 남긴 불변 근원의 땅 시나
노마치信濃町에 창가학회 신앙의 중심 도량을 설립하길 발원
하셨고, 그 대전당을 '광선유포 대서원의 전당'이라고 명명하
셨다.

2013년 11월 5일에 이케다 선생님은 '대서원의 전당'의 완공
식과 입불식을 거행하시고 '광선유포의 본존'을 안치하셨고,
말법 만년에 걸친 세계 광선유포의 대원을 세우심으로써 전
세계의 이케다 문하에게 미래에 걸친 세계 광선유포 서원의
모범을 보이셨다.

세계의 회원은 국적과 남녀노소를 불문하고 '대서원의 전당'
에 모였고 영원한 스승 '이케다 회장'과 마음을 합하여 민중의
행복과 번영, 세계 평화, 자신의 인간혁명을 기도하고 서로서
로 세계 광선유포를 서원하였다.

이케다 선생님은 창가학회 본지와 사명을 '니치렌세계종창

가학회'라고 휘호하시고, 창가학회가 니치렌 대성인의 불법을 유일하게 세계에 광선유포해갈 불의불칙의 교단임을 명시하셨다.

그리고 23세기까지 세계 광선유포를 전망하심과 동시에 시나노마치를 '세계 총본부'로 하는 장대한 구상을 보이시며, 그 실현을 대대 회장을 중심으로 전 세계의 제자에게 위탁하셨다.

창가학회는 '3대 회장'을 광선유포의 영원한 스승으로 우러르며 이체동심의 신심으로 이케다 선생님께서 보이신 미래와 세계에 걸친 대구상에 기초하여 세계 광선유포의 대원을 성취해나갈 것이다."

나의 강의를 수강한 소카대학생 중에는 그야말로 니치렌세계종창가학회가 세계종교화하는 조류의 소용돌이 속에서 세계 평화를 이루겠다는 굳은 사명감을 가지고 사회의 다양한 분야에서 활동 중인 젊은이도 있다. 수강생과 나는 5년에 한 번씩 학급 모임을 가지기로 약속하였다. 첫 번째 모임은 조금 빠르게 2019년 초반에 하였지만, 두 번째는 2022년, 세 번째는 2027년, 네 번째는 2032년…, 내가 건강하게 움직일 수 있는 한 계속해서 참가할 생각이다. 창가학회의 세계종교화가 어떻게 진행 중인지를 5년마다 과거에 내가 가르쳤던 학생들한테서 들을 생각을 하니 벌써부터 설렌다.

본서를 출판하기까지 우시오출판사의 하바 다케시 씨에게 많은 신세를 졌습니다. 소카대학교 졸업생이자 강좌에도 매번 참석해 준 하바 씨의 열의 없이는 이 책을 세상에 내놓을 수 없었을 것입니다. 진심으로 감사합니다.

2019년 8월 28일,
도시샤여자대학교 집중 강의를 위해
출장 중에 교토에서
사토 마사루

본서에서 소개한 주요 서적 _

- 『하디스 - 이슬람 전승 전집ハディース - イスラム伝承集成』(전 2권), 마키노 신야牧野信也 번역, 주코문고中公文庫

- 『신·인간혁명新·人間革命』(전 30권), 이케다 다이사쿠池田大作, 세이쿄와이드문고聖教ワイド文庫

- 『도시샤대학교 신학부同志社大学神学部』(전 10권), 사토 마사루佐藤優, 고분샤신서光文社新書

- 『마키구치 쓰네사부로 전집牧口常三朗全集』, 마키구치 쓰네사부로牧口常三朗, 다이산분메이샤第三文明社

- 『민중 종교의 시대 - 그리스도교 신학의 현재적 전개民衆宗教の時代 - キリスト教神学の今日的展開』, 하비 콕스Harvey Cox, 신쿄출판사新教出版社

- 『21세기 평화와 종교를 말한다二十一世紀の平和と宗教を語る』, 이케다 다이사쿠·하비 콕스池田大作·Harvey Cox, 우시오출판사潮出版社

- 『이케다 다이사쿠 전집(사회와 종교) 제6권池田大作全集(社会と宗教)第6巻』, 이케다 다이사쿠池田大作·브라이언 윌슨Brian Wilson, 세이쿄신문사聖教新聞社

- 『법화경의 지혜法華経の智慧』 보급판(전 3권), 이케다 다이사쿠池田大作, 세이쿄신문사聖教新聞社

- 『「이케다 다이사쿠의 대학 강연」 해설 - 세계종교의 조건「池田大作 大学講演」を読み解く - 世界宗教の条件』, 사토 마사루佐藤優, 우시오출판사潮出版社

- 『이케다 다이사쿠 명언 100선池田大作 名言100選』, 이케다 다이사쿠池田大作, 주오코론신샤中央公論新社

- 『21세기를 여는 대화二十一世紀への対話』(전 3권), 이케다 다이사쿠池田大作·아놀드 토인비Arnold Toynbee, 세이쿄와이드문고聖教ワイド文庫

- 『지구 시대의 철학 - 이케다&토인비의 대담 해설地球時代の哲学 - 池田·トインビー対談を読み解く』, 사토 마사루佐藤優, 우시오신서潮新書
- 『일본 고전 문학 대계(우관초) 제86日本古典文学大系(愚管抄)第86』, 오카미 마사오岡見正雄·아카마쓰 도시히데赤松俊秀(교정 및 주석), 이와나미서점岩波書店
- 『단숨에 다시 배우는 일본사いっきに学び直す日本史』 교양편·응용편, 안도 다쓰로安藤達朗(저술)·사토 마사루佐藤優(편집)·야마기시 료지山岸良二(감수), 도요경제신보사東洋経済新報社
- 『신곡神曲』 지옥편·연옥편·천국편, 단테Alighieri Dante, 히로카와 스키히로広川祐弘 번역, 가와데문고河出文庫
- 『괴테 전집(파우스트) 제3권 희곡ゲーテ全集(ファウスト) 第3券 戯曲』, 괴테Johann Wolfgang von Goethe, 야마시타 하지메山下肇 번역, 우시오출판사潮出版社
- 『신편 일본 고전문학 전집(태평기)新編日本古典文学全集(太平記)』(전 4권), 하세가와 다다시長谷川端 번역, 쇼가쿠칸小学館
- 『크리스찬판 태평기 발초キリシタン版太平記抜書』(전 3권), 고소 도시아키高祖敏明 교정 및 주석, 크리스찬문학쌍서キリシタン文学双書
- 『인간혁명人間革命』 제2판(전 12권), 이케다 다이사쿠池田大作, 세이쿄와이드문고聖教ワイド文庫
- 『창가학회와 평화주의創価学会と平和主義』, 사토 마사루佐藤優, 아사히신서朝日新書
- 『법의 정신法の精神』(전 3권), 몽테스키외Montesquieu, 노다 요시유키野田良之 번역, 이와나미문고岩波文庫
- 『미국의 민주주의アメリカのデモクラシー』(전 2권), 알렉시 드 토크빌Alexis de Tocqueville, 마쓰모토 레이지松本礼二 번역, 이와나미문고岩波文庫
- 『핫코다산 죽음의 방황八甲田山死の彷徨』, 닛타 지로新田次郎, 신초문고新潮文庫
- 『경제학·철학 초고経済学-哲学草稿』, 칼 마르크스Karl Heinrich Marx, 시로쓰카 노보루城塚登·다나카 기치로쿠田中吉六 번역, 이와나미문고岩波文庫
- 『순자荀子』(전 2권), 가나야 오사무金谷治 번역, 이와나미문고岩波文庫

- 『그리스도교 역사キリスト教史』, 후지시로 다이조藤代泰三, 고단샤학술문고講談社学術文庫

- 『자유론自由論』, 존 스튜어트 밀John Stuart Mill, 사이토 요시노리斉藤悦則 번역, 고분샤고전신역문고光文社古典新訳文庫

- 『예루살렘의 아이히만 - 악의 평범성에 대한 보고エルサレムのアイヒマン - 悪の陳腐さについての報告』, 한나 아렌트Hannah Arendt, 오쿠보 가즈오大久保和郎 번역, 미스즈쇼보みすず書房

- 『전체주의의 기원 - 반유대주의全体主義の起源 - 反ユダヤ主義』, 한나 아렌트 Hannah Arendt, 오쿠보 가즈오大久保和郎 번역, 미스즈쇼보みすず書房

- 『731 - 이시이 시로와 세균전 부대의 어둠을 폭로하다731 - 石井四郎と細菌戦部隊の闇を暴く』, 아오키 후키코青木冨貴子, 신초문고新潮文庫

- 『빛의 자녀와 어둠의 자녀 - 데모크라시의 비판과 옹호光の子と闇の子 - デモクラシーの批判と擁護』, 라인홀트 니버Reinhold Niebuhr, 다케다 기요코武田清子, 쇼분샤晶文社

본서에서 소개한 주요 영화

- 《제로 다크 서티Zero Dark Thirty》, 캐스린 비글로Kathryn Bigelow 감독, 제시카 차스테인Jessica Chastain 주연, 2012년

- 《핫코다산八甲田山》, 모리타니 시로森谷司郎 감독, 다카쿠라 겐高倉健 주연, 1977년

- 《사일런스Silence》, 마틴 스코세이지Martin Scorsese, 앤드류 가필드Andrew Garfield 주연, 2016년

- 《인간혁명人間革命》, 마스다 도시오舛田利雄 감독, 단바 데쓰로丹波哲郎 주연, 1973년

- 《속·인간혁명続·人間革命》, 마스다 도시오舛田利雄 감독, 아오이 데루히코ぁぉぃ輝彦 주연, 1976년
- 《한나 아렌트Hannah Arendt》, 마가레테 폰 트로타Margarethe Von Trotta 감독, 바바라 수코바Barbara Sukowa 주연, 2012년

세계종교의 조건이란 무엇인가

초판 1쇄 인쇄 2020년 9월 5일
초판 1쇄 발행 2020년 9월 8일

저자 : 사토 마사루
번역 : 김진희

펴낸이 : 이동섭
편집 : 이민규, 탁승규
디자인 : 조세연, 김현승, 황효주, 김형주
영업 · 마케팅 : 송정환
e-BOOK : 홍인표, 유재학, 최정수, 서찬웅
관리 : 이윤미

㈜에이케이커뮤니케이션즈
등록 1996년 7월 9일(제302-1996-00026호)
주소 : 04002 서울 마포구 동교로 17안길 28, 2층
TEL : 02-702-7963~5 FAX : 02-702-7988
http://www.amusementkorea.co.kr

ISBN 979-11-274-3692-6 03190

世界宗教の条件とは何か
ⓒ佐藤 優 MASARU SATO 2019
All Rights reserved.
First published in Japan in 2019 by USHIO PUBLISHING CO., LTD.
Korean version published by AK Communications, Inc.
Under license from USHIO PUBLISHING CO., LTD.

이 도서의 국립중앙도서관 출판예정도서목록(CIP)은 서지정보유통지원시스템 홈페이지(http://seoji.
nl.go.kr)와 국가자료공동목록시스템(http://www.nl.go.kr/kolisnet)에서 이용하실 수 있습니다. (CIP제
어번호: CIP2020034500)

*잘못된 책은 구입한 곳에서 무료로 바꿔드립니다.

해피로드 —희망의 빛 환희의 시—
이케다 다이사쿠 | 10,000원

일상생활의 주제들을 통해 오늘날 우리가 진정으로 지향해야 할 해피로드란 무엇인지 이야기한다. 깊은 설득력과 진솔한 진정성이 있는 아름다운 글귀, 시대를 꿰뚫어보는 철학과 선견지명이 깊은 공감대를 자아내게 한다.

『21세기를 여는 대화』를 읽고 해석하다
—이케다 다이사쿠 × 아놀드 J. 토인비—
사토 마사루 | 10,000원

이케다 다이사쿠 명예회장과 아놀드 J. 토인비의 대담집인 <21세기를 여는 대화>의 해설집. 대담집에 담긴 미래를 내다보는 식견, 시대와 국가를 넘어선 날카로운 통찰이 우리에게 무엇을 시사해주고, 우리가 어떤 마음가짐으로 이 시대를 나아가야 하는지 제시해준다.

미야모토 무사시 —병법의 구도자—
우오즈미 다카시 | 13,800원

미야모토 무사시, 소설이나 전설에 가려진 그의 실상은 과연 어떤 모습이었을까? 한 번의 패배도 없이 평생토록 추구했던 "병법의 도"란 무엇일까?

헤이세이(平成) 일본의 잃어버린 30년
요시미 슌야 | 13,800원

일본의 실패가 우리의 미래가 되지 않으려면? 일본의 "잃어버린 30년" 헤이세이 시대를 통해 일본이 보여주었던 다양한 실패의 원인을 설명한 일본 현대사 최신 설명서.

AK BOOKS 시리즈

불교 입문
사이구사 미쓰요시 | 11,800원

불교란 무엇인가? 불교에서 꼭 알아두어야 할 사항들을 짚어보고, 어떻게 흘러서 발전했는지 그 전체상을 파악할 수 있다. 불교의 본질은 무엇인지 이해하는 시간이 될 것이다.

중세 유럽의 문화
이케가미 쇼타 | 13,000원

중세라는 심오하며 매력적인 세계를 생생하게 보여준다. 누구나 쉽게 이해할 수 있도록 중세라는 시대를 다양한 표와 일러스트로 재미있고 알차게 풀어놓았다.

세계사 만물사전
헤이본샤 편집부 | 25,000원

인류의 역사를 장식한 물건들을 손꼽아 본다면? 고대부터 현대까지 지혜가 응축된 물건들을 소개하며, 풍부한 일러스트와 설명으로 어느 페이지를 펼쳐봐도 흥미진진하다.

연표로 보는 과학사 400년
고야마 게타 지음 | 17,000원

알기 쉬운 과학사 여행 가이드. 17세기 근대 과학부터 우주와 생명의 신비에 자연 과학으로 접근한 현대까지, 파란만장한 400년 과학사를 보기 쉬운 연표 형식으로 소개한다.

전략 삼국지 전60권
요코야마 미츠테루 | 각권 5,500원

세상의 이치와 교훈들을 생생하게 담아낸, 삼국지의 매력을 가장 잘 그려낸 작품. '중국사의 시오노 나나미'라 불리는 이나미 리츠코의 권말 삼국지 강좌도 빼놓을 수 없다.

만화 수호지 전6권
요코야마 미츠테루 | 각권 9,500원

'중국의 4대 기서'로 꼽히는 『수호지』가 걸작 만화로 탄생했다. 혼탁한 세상 속 108인 호걸들의 활약상이 잊고 지내던 가슴 따뜻한 감동과 색다른 재미를 선사해줄 것이다.